AF554944

LA INTERVENCIÓN DEL ESTADO EN LAS CRISIS BANCARIAS.
DISCIPLINA JURÍDICO-PÚBLICA

Héctor Turuhpial Cariello

LA INTERVENCIÓN DEL ESTADO EN LAS CRISIS BANCARIAS. DISCIPLINA JURÍDICO-PÚBLICA

Fundación de Estudios de Derecho Administrativo
"FUNEDA"

Editorial Jurídica Venezolana / 2021

ISBN: 978-1-68564-743-8

Editado por: Fundación de Estudios de Derecho Administrativo "FUNEDA"
Avenida Tamanaco, Edificio Impres, El Rosal,
Caracas, 1015, Venezuela
Teléfono +58 (212) 953 1995. Fax +58 (212) 9535375
Email: funeda@gmail.com

Editorial Jurídica Venezolana
Avda. Francisco Solano López, Torre Oasis, P.B.,
Local 4, Sabana Grande,
Apartado 17.598 - Caracas, 1015, Venezuela
Teléfono 762-25-53, 762-38-42. Fax 763.5239
http://www.editorialjuridicavenezolana.com.ve
Email: fejv@cantv.net

Impreso por: Lightning Source, an INGRAM Content company
para: Editorial Jurídica Venezolana International Inc.
Panamá, República de Panamá.
Email: ejvinternational@gmail.com

En letra: Book Antiqua 11, Interlineado: Sencillo

ÍNDICE

ACRÓNIMOS UTILIZADOS

—. **ALA/CFT:** Anti—Lavado de Activos / Contra la Financiación del Terrorismo.

—. **ANC:** Autoridades Nacionales Competentes.

—. **BA-VEN-NIF**: Boletines de aplicaciones emitidos por la Federación de Colegios de Contadores Públicos de Venezuela (FCCPV); especifican las normas internacionales aplicables en Venezuela y determinan su implementación práctica.

—. **BCBS:** Comité de Supervisión Bancaria de Basilea (Basel Committee on Banking Supervision)

—. **BCE:** Banco Central Europeo o Banco Central Español, según el contexto en que se utilice.

—. **BCC:** Bonos Cero Cupón.

—. **BCCI**: Bank of Credit and Commerce International.

—. **BCV:** Banco Central de Venezuela.

—. **BID:** Banco Interamericano de Desarrollo.

—. **BIS:** Banco Internacional de Pagos (Bank of International Settlement).

—. **CEPAL.:** Centro de Estudios Para América Latina.

—. **CFO:** Centros Financieros Off—shore.

—. **DLOAFSP**: Decreto con Rango, Valor y Fuerza de Ley Orgánica de la Administración Financiera del Sector Público.

—. **EIF**: Entidad de intermediación financiera.

—. **ELA:** Emergency Liquidity Assistance.

—.**FINCEN**: Financial crimes enforcemente Network (Red de represión contra los crímenes o delitos financieros.)

—. **FOGADE:** Fondo de Protección Social de los Depósitos.

—. **FSB:** Foro de Estabilidad Financiera.

—. **GAFIC:** Grupo de Acción Financiera del Caribe.

—. **G—SIB:** Global Systemically Important Banks.

—. **IMF**: Instituciones Microfinancieras.

—. **IRS**: Índice de Riesgo Sistémico.

—. **JERS:** Junta Europea de Riesgo Sistémico.

—. **LBCV:** Ley del Banco Central de Venezuela.

—. **LC/FT:** Legitimación de Capitales / Financiamiento del Terrorismo.

—. **LGBIF:** Ley General de Bancos y otras Instituciones Financieras de 19/08/2010. **DEROGADA**

—. **LISB:** Ley de Instituciones del Sector Bancario 08/12/2014

—. **LOAP:** Ley Orgánica de la Administración Pública.

—. **LOPA:** Ley Orgánica de Procedimientos Administrativos.

—. **LOSFIN:** Ley Orgánica del Sistema Financiero Nacional.

—. **LPCU**: Ley de Protección al Consumidor y al Usuario.

—. **MEDE:** Mecanismo Europeo de Estabilidad.

—. **MET:** Mecanismo Extraordinario de Transferencia.

—. **MUR.** Mecanismo Único de Resolución.

—. **MUS:** Manual Único de Supervisión.

—. **NIIF**: Normas Internacionales de Información Financiera.

—. **NPPS**: Guía sobre Nuevos Productos y Servicios de Pago (NPPS, por sus siglas en inglés) (GAFI, 2013).

—. **OEA/CICAD**: Comisión Interamericana para el Control del Abuso de las Drogas.

—. **OSFIN:** Órgano Superior del Sistema Financiero Nacional.

—. **PUI:** Prestamista de última instancia.

—. **RAS:** Reporte de Actividad Sospechosa.

—. **RSF:** Red de Seguridad Financiera.

—. **SEBC:** Sistema Europeo de Bancos Centrales.

—. **SESF**: Sistema Europeo de Supervisión Financiera.

—. **SBN**: Sistema Bancario Nacional.

—. **SNV:** Superintendencia Nacional de Valores.

—. **STS**: Sentencia Tribunal Supremo Español.

—. **SIAR:** Sistema Integral de Administración de Riesgos de Legitimación de Capitales y del Financiamiento al Terrorismo" (en adelante SIAR LC/FT)

—. **SIG:** Servicios de Interés General.

—. **SUDEBAN:** Superintendencia de las Instituciones del Sector Bancario.

—. **TFUE:** Tratado de Funcionamiento de la Unión Europea.

—. **UE:** Unión Europea.

—. **UNIF:** Unidad Nacional de Inteligencia Financiera.

—. **VEN—NIF**: Principios de Contabilidad de Aceptación General en Venezuela aprobados por la Federación de Contadores Públicos de la República de Venezuela.

CAPITULO I

LAS CRISIS BANCARIAS

SUMARIO: I. Las crisis bancarias. Excursus introductorio. 1. Las causas cíclicas y recurrentes de las crisis bancarias: A. Las causas exógenas a la institución bancaria. B. Las causas endógenas. C. Las causa debidas a las actuaciones irregulares de los administradores bancarios, de los accionistas o de los órganos societarios: a. Fraude en los aportes al capital social. b. La fraudulenta utilización de las políticas de crédito. c. Inversiones altamente especulativas. d. La deficiente gestión del riesgo bancario. D. Otras causas: a. Ingeniería financiera. b. Concentración de préstamos y de riesgo crediticio. c. Utilización de los circuitos off shore para centrifugas de capital. E. La "contabilidad creativa". 2. La crisis sistémica de 1994 en Venezuela. Breve sinopsis.

Excursus introductorio: La estabilidad financiera como un bien público global

La estabilidad financiera es considerada hoy en día, sobre todo a partir de la crisis mundial de 2008, un bien público global que forma parte del orden público económico, por lo que su preservación justifica y exige la intervención y actuación oportuna y contundente de los supervisores y reguladores habilitados por el ordenamiento jurídico sectorial para imponer medidas y mecanismos de resolución de la crisis[1].

---

[1] Véase: LOPEZ ESCUDERO, Manuel (2012): *Estabilidad económico-financiera y Derecho Internacional*; BOE, Madrid; Schinasi, G. J. (2006). *Safeguarding Financial Stability: Theory and Practice, International*; Monetary Fund, Washington, D. C . Schinasi (2006) define la estabilidad financiera como un bien público puro, de la misma manera en que se considera a la provisión de la defensa nacional, "...ya que proporciona beneficios no exclusivos y no rivales. Los beneficios son no exclusivos si el proveedor o productor del bien no puede excluir a otros de

Esta habilitación para la disciplina, ordenación y dirección del sistema financiero y del sistema bancario por lo que a nuestro tema concierne, es parte y expresión de un verdadero régimen legal estatutario que rige a las instituciones bancarias, a partir de su calificación relevante como actoras de una actividad d interés general o de servicio público[2].

Ello así, la decisión de intervenir, rehabilitar o liquidar una institución financiera es, a la vez que la aplicación pragmática de un régimen jurídico estatutario, una decisión política delicada, que responde a una concepción de política pública desarrollada desde la autoridad pública. Una política pública, acogiendo la conceptuación de SUBIRATS es precisamente el conjunto de acciones y "...Actividades de las instituciones de gobierno, actuando

---

los beneficios sin incurrir en costos significativos. Los beneficios son no rivales si el consumo de un agente no reduce los beneficios a otros. La provisión de la estabilidad financiera de la UE tendría estas características para todos los países miembros y sus ciudadanos..." —Shinasi—.Nieto Garry, María y Shinasi, J: (2008) *El marco para salvaguardar la estabilidad financiera en la Unión Europea: hacia una referencia analítica para evaluar su eficacia*; Boletin CEMLA, julio-septiembre 2008.

2 El TSJ en Sala Constitucional ha ratificado el carácter estatutario del régimen jurídico público aplicable a la banca, dada la condición de actividad privada de interés general y de servicio público que desarrollan los bancos. En este orden de ideas, la Sala, en sentencia de 27/05/2011, caso Ricardo Fernández Barruecos, Ha establecido lo siguiente :

"... la Sala ha reconocido al sistema financiero como una actividad que en relación con sus usuarios es de eminente interés público, ya que "*(...) Hay actividades que son de interés general, de interés público o de interés social, y para que los particulares puedan cumplir esas actividades, es necesario —por mandato legal— que el Estado los autorice o los habilite, lo que también es necesario para prestar servicios públicos, como los que prestan —por ejemplo— la Banca y otros entes financieros, servicio público reconocido como tal por el artículo 7 de la Ley de Protección al Consumidor y al Usuario, o por el artículo 3 de la Ley Orgánica del Sistema de Seguridad Social Integral, en lo referente al subsistema de vivienda y política habitacional (artículo 52 de la última ley citada) (...)*" —Cfr. Sentencia de esta Sala N° 85/2002, caso: "*Asodeviprilara*"—.

En ese orden, los preceptos normativos contenidos en leyes estatutarias de derecho público en la materia, como la derogada Ley General de Bancos y Otras Instituciones Financieras, la Ley de Regulación de la Emergencia Financiera y la vigente Ley de Instituciones del Sector Bancario, "***debían y tienen que materializar o viabilizar entre otros aspectos, el de asegurar el desarrollo humano integral y una existencia digna y provechosa para la colectividad, mediante el correcto y eficaz desarrollo de la actividad de la banca y demás instituciones financieras, bajo los principios de justicia social***" —Cfr. Sentencia de esta Sala N° 1107/08—.

Bajo ese principio de justicia social, **en el desarrollo de una actividad económica, como la bancaria o financiera, no sólo se garantiza la tutela de los derechos de los titulares de la actividad económica sino de los usuarios del mismo, ya que dentro de los fines de ese régimen estatutario de derecho público, siempre se ha tratado que las entidades sometidas a las leyes de bancos, posean una condición financiera y estructural suficiente para responder a las eventuales exigencias de los usuarios**".

directamente o a través de agentes, y que van dirigidas a tener una influencia determinada sobre la vida de los ciudadanos"[3].

Los supervisores en el ejercicio de sus potestades de disciplina y dirección del mercado o del sistema deben procurar prevenir la generación de crisis, pero sin llegar a impedir el proceso de selección natural de la economía de mercado. Es decir, deben existir mecanismos que garanticen que los agentes asumen las consecuencias, económicas y reputacionales, de sus errores o malas prácticas pero minimizando los efectos para el conjunto del sistema y en particular para los clientes y usuarios. Este equilibrio que deben mantener la regulación estatal o comunitaria, la cual no puede darse el lujo de pecar por exceso ni por defecto, y la intervención pública en el mercado bancario, es quizás lo más difícil de lograr.

Con la crisis global que comienza en los Estados Unidos en el 2007, se ha superado la vieja concepción por la que se creía que la estabilidad financiera dependía exclusivamente de la solvencia de las entidades bancarias. El concepto se ha ampliado para reconocer la diversidad y complejidad del sistema financiero y la importancia que las normas de conducta y la transparencia de emisores, intermediarios e inversores, así como la disciplina en los mercados financieros y, de manera fundamental también, el sentido técnico de la idoneidad, oportunidad y suficiencia que tenga el supervisor o regulador en el ejercicio de sus competencias de ordenación y orientación del mercado, deben tener y mantener.

Así las cosas, SHINASI[4] define la estabilidad financiera enunciando los diversos presupuestos que se amalgaman en su equilibrio:

> ...Estabilidad financiera significa más que la simple ausencia de crisis. Se puede considerar que un sistema financiero es estable si: 1) facilita la asignación eficaz de los recursos económicos, tanto geográficamente como en el tiempo, así como otros procesos financieros y económicos (como ahorro e inversión, préstamo y

[3] Subirats, Joan (1989). ***Análisis de Políticas Públicas y Eficacia de la Administración***. 1ra. Ed. Madrid, España. Editorial Imprenta Nacional del Boletín del Estado, p. 8.

[4] SHINASI, Garry (2005): *Preservación de la estabilidad financiera*, Fondo Monetario Internacional, Edición en español: División de Español Departamento de Tecnología y Servicios Generales ISBN 1-58906-498-4 ISSN 1020-8372 Septiembre de 2005.

endeudamiento, creación y distribución de liquidez, fijación del precio de los activos y, en última instancia, acumulación de riqueza y crecimiento de la producción); 2) evalúa, valora, asigna y gestiona los riesgos financieros, y 3) mantiene su capacidad para desempeñar estas funciones esenciales incluso cuando se enfrenta a shocks externos o a un aumento de los desequilibrios. Por lo tanto, dado que el sistema financiero contiene una serie de componentes diferentes pero interrelacionados —infraestructura (sistemas legales, de pagos, de liquidación y contables), instituciones (bancos, sociedades de valores, inversionistas institucionales) y mercados (bursátiles, de bonos, de dinero y de derivados), la alteración de uno de los componentes podría debilitar la estabilidad de todo el sistema. Sin embargo, si el sistema funciona lo suficientemente bien como para llevar a cabo sus principales funciones facilitadoras, aun cuando un componente sufra problemas, estos no constituirán necesariamente una amenaza para la estabilidad global. La estabilidad financiera no requiere que todas las partes del sistema financiero funcionen al máximo o casi al máximo en todo momento. Pero un sistema financiero estable tiene capacidad para limitar y resolver los desequilibrios, en parte mediante mecanismos de autocorrección, antes de que desencadenen una crisis, y permite a la moneda del país (moneda fiduciaria) desempeñar su función como medio para las transacciones, unidad de cuenta y depósito de valor (la estabilidad financiera y la estabilidad monetaria se superponen). Por último, puede considerarse que un sistema financiero es estable si no se espera que las perturbaciones perjudiquen a la actividad económica.

La actividad o, dicho con más precisión, el negocio bancario, es un negocio de alto riesgo en tanto se estructura sobre la confianza del público en las instituciones bancarias o crediticias y, a la vez, en la capacidad y competencia profesional de las instituciones y sus administradores para sortear exitosamente los riesgos que entrañan las operaciones propias del giro bancario, manteniendo la obligación y el compromiso de restituir las cantidades dinerarias adeudadas en la forma y tiempo convenidas con los clientes.

Hay que agregar que esa confianza del usuario de los servicios bancarios se apoya en gran parte en la confianza que le generan los organismos de supervisión, a los que presupone competentes y capacitados para disciplinar la dinámica del mercado bancario y la actuación de sus agentes u operadores de intermediación.

Cuando esta confianza de los depositantes se debilita o se ve impactada por diversas causas que provocan una situación de crisis en una institución bancaria o en un sector o grupo de ellas dentro del subsistema bancario, produciendo retiros masivos de depósitos que superan la disponibilidad de liquidez de la institución bancaria, terminan casi siempre agravándose como un problema de solvencia, con el deterioro acelerado de sus activos y la inevitable crisis patrimonial, ante la cual la institución normalmente se ve postrada. Las causas pueden tener su origen en malas prácticas bancarias, en palabras más precisas, en la mala gestión dolosa o culposa de sus administradores; o en causas exógenas que tienen que ver con el entorno económico, político y legislativo en el que se desenvuelve la institución.

Diversas son las aproximaciones conceptuales y teóricas, todas ellas válidas, intentando asentar o acertar una definición de las crisis financieras.

EINCHENGREEN y PORTES (1987) definen la crisis financiera sistémica o de contagio extendido en un sistema financiero y no focalizada aisladamente en una institución, como:

> ...una perturbación de los mercados financieros asociada típicamente con una caída del precio de los activos y con la insolvencia de deudores intermediarios que se ramifica a través del sistema financiero, afectando negativamente la capacidad de los mercados para asignar recursos a la economía[5].

Otros autores como GOLDSMITH (1982) ponen el énfasis definitorio de la crisis en la circunstancia de que para que sea considerada como tal, debe tener una cierta magnitud o entidad y afectar a un sector importante del sistema económico[6].

MISHKIN, por su parte, (1991) sustenta su definición de crisis financiera desde el enfoque de la información asimétrica,

---

5 EICHENGREEN,Barry, PORTES, Richard (1987): The Anatomy of Financial Crises; **NBER Working Paper No. 2126 (Also Reprint No. r1262); Issued in 1987 NBER Program(s).** Consultado en internet.

6 TORRERO MAÑAS, Antonio, ob cit, pp 25, 26, 27.

considerándola una alteración de los mercados financieros que provoca una agudización de los problemas del crédito y del riesgo moral —*moral hazard*—, de forma tal que los mercados financieros son incapaces de canalizar los recursos de manera eficiente hacia los sectores o proyectos más productivos. Sostiene que el fracaso bancario múltiple que tiene su causa en el pánico bancario, tiene su fuente de contagio en la información asimétrica: en estado de pánico, los depositantes, temiendo por la seguridad de sus depósitos —en la ausencia de un sistema de seguro de depósitos y no teniendo información sobre la calidad de la cartera de créditos de los bancos—, retiran sus depósitos hasta hacer que el banco quiebre. La quiebra de un conjunto elevado de bancos en poco tiempo o en tiempo secuencial significa que existe una pérdida en la producción de información en los mercados financieros y una pérdida directa en el papel de intermediación financiera de los bancos[7].

1. Las causas cíclicas y recurrentes de las crisis bancarias

Los diversos organismos, comités y entes de supervisión bancaria a nivel mundial[8], a partir del seguimiento, estudio e intercambio de información de las experiencias críticas en los sistemas bancarios de los países, coinciden en reunir en dos grandes grupos las causas de las crisis bancarias, las *causas endógenas* y las *causas exógenas*. Nosotros diferenciaremos 3 categorías. Las causas endógenas, las causas exógenas y las causas debidas a irregularidades dolosas de los administradores o empleados.

A. Las *causas exógenas* a la institución, vinculadas al entorno económico, y que frecuentemente vienen dadas por desajustes o cambios drásticos en el entorno macroeconómico, tales como *la inflación*, que modifica los

---

7 Ibid, pp. 25 y 26.Vease igualmente: MISCHKIN, Friedrich, ob. Cit. pp. 206,207.

8 En 1999 se creó el Foro de Estabilidad Financiera (FSF) con la misión de promover el intercambio de información y la cooperación internacional en materia de supervisión financiera. Entre los integrantes del Foro se encuentran, además de algunas autoridades nacionales de diversos países, organizaciones internacionales como el FMI, el Banco Mundial, la OCDE, el BCE, el IASB (emisor de las Normas Internacionales de Contabilidad), IOSCO (que es la asociación mundial de Comisiones de Valores) o el Comité de Basilea (su equivalente bancario). El FSF persigue coordinar los esfuerzos de todos estos organismos para promover la estabilidad financiera internacional, mejorar el funcionamiento de los mercados y reducir el riesgo sistémico.

patrones de inversión y ahorro en las instituciones bancarias, alterando también sus expectativas e impulsando la inversión en instrumentos a corto plazo, lo cual puede comprometer la liquidez de la institución depositaria y/o llevar a la desmonetización. La *recesión de mercado* también puede ser una causa que comprometa la capacidad de repago de los beneficiarios de créditos y servicios de consumo, así como conducir a procesos masivos de refinanciamiento, o la asunción de riesgos sumamente complejos de predecir en su desenvolvimiento[9].

B. Las *causas endógenas*, que son aquellas que se generan hacia adentro o en el interior de la institución crediticia y que tienen que ver con fallas o desaciertos operativos o de administración y, fundamentalmente el acaecimiento del riesgo financiero en cualquiera de sus variantes: de crédito, de tasa, de mercado, legal, moral, reputacional, de adecuación de capital.

---

9 Es el caso de la crisis financiera que desde finales de 2008 hizo estragos en la economía global, recayendo con particular intensidad sobre los sistemas crediticios de España, Alemania, Irlanda, Islandia y Estados Unidos y que llevó a la elaboración de BASILEA III.
El epicentro de la grave crisis financiera que hizo estragos sobre la economía real global y que ha provocado una gran desconfianza en los mercados financieros de los principales países, fue el sector de la vivienda en Estados Unidos y específicamente el caso de las *hipotecas subprime*, constituidas por créditos hipotecarios concedidos a clientes de baja solvencia y que, en consecuencia, presentaban un mayor riesgo de impago. La calificación de sub-prime se aplica a aquellos créditos que se conceden a personas con un historial de crédito problemático o que no aportan toda la documentación necesaria, y también en los supuestos en los que la cuantía de la hipoteca represente un porcentaje muy alto del precio de la vivienda financiada —más del 85%—, o el pago mensual alcance más de un 55% de los ingresos disponibles.
La crisis se inició en agosto de 2007 y entre sus detonantes destacan cuatro factores fundamentales: 1. la enorme burbuja especulativa de los activos inmobiliarios en ese país, ya que el incremento del precio de la vivienda durante los años anteriores al estallido de la crisis fue atípico; 2. la ausencia de regulación sobre las *hipotecas sub-prime* por parte de las autoridades financieras estadounidenses; 3. el mal diseño de los incentivos en su concesión, pues los agentes de crédito de las entidades de crédito tenían su salario vinculado al volumen que lograban colocar, por lo que su objetivo era vender el máximo número de estos productos, sin tener en cuenta si el banco o caja era capaz de asumir o no el riesgo que suponían; y 4. el creciente grado de apalancamiento o endeudamiento que presentaba el sistema financiero de Estados Unidos. Al respecto puede verse: Antonio Calvo Bernardino Irene Martín de Vidales Carrasco: *Crisis financiera: Impacto y tratamiento en España, Alemania, Irlanda, Islandia y Estados Unidos*; MARTÍN DE VIDALES CARRASCO, I. (2010): "*El impacto de la crisis financiera sobre el sistema bancario: el caso de Estados Unidos*", Análisis Financiero Internacional, nº 140, pp. 49-64. Consultado en internet.

Estas causas endógenas vinculadas al acaecimiento de cualquiera de las formas del riesgo son violentamente virales, es decir, en los casos en los cuales se produce una disfunción operativa por mal manejo de algunas de las categorías de riesgo, normalmente esta disfunción se extiende como un efecto cascada a otras fórmulas de riesgo, lo cual vuelve más compleja la solución de la crisis. Caso gráfico es el constituido por los PEPs[10], los cuales disparan el riesgo crediticio o el riesgo reputacional y moral generando una situación que puede afectar severamente a una institución bancaria.

C. Las causas debidas a la *actuación irregular de los administradores bancarios o de los accionistas,* actuación irregular que puede venir dada por falta de competencia o capacidad profesional, o por actuaciones deliberadas y conscientemente ilícitas, siendo estas últimas las que

---

10 El Banco Mundial estima que se paga más de $1 trillón en sobornos cada año. 1. Los fondos obtenidos en base a la corrupción, robados de países en vía de desarrollo, fluctúan entre $20 mil millones y $40 mil millones por año aproximadamente, el equivalente al PBI anual de los 12 países más pobres del mundo donde más de 240 millones de personas viven. 2. Gran corrupción, robo de activos y flujos internacionales de dinero robado y la vado ejercen un impacto devastador sobre el desarrollo. Degradan y socavan la confianza en las instituciones públicas. Desacreditan y desestabilizan a los sistemas financieros, afectando la confianza. Perjudican el clima para inversiones en el país víctima, así como la prospectiva para la estabilidad macroeconómica. Esto acelera la fuga de capitales, impide crecimiento, obstaculiza los esfuerzos para reducir la pobreza, y aumenta desigualdades. El daño es duradero y se agudiza cuánto más tiempo permanezca un régimen permisivo para la corrupción. 3. En todas las jurisdicciones la voluntad política a los más altos niveles es fundamental para combatir la corrupción y negar el acceso de las PEPs al sistema financiero. Los PEPs o "Personas Expuestas Públicamente", o "Personas Expuestas Políticamente". La Superintendencia de las Instituciones del Sector Bancario, por órgano de su Unidad de Inteligencia Financiera (UNIF) atendiendo a las recomendaciones y estándares internacionales emitidos por el Grupo de Acción Financiera Internacional (GAFI), específicamente de conformidad por lo establecido en los criterios técnicos de la Recomendación N° 12 referida a las Personas Expuestas Políticamente, dictó la Circular SIB-DSB-UNIF. 16360 de fecha 08 de octubre de 2016, en la cual define a las Personas Expuestas Políticamente como "... PEP: Es una persona natural que es o fue figura política de alto nivel, de confianza o afines, o sus familiares más cercanos o su círculo de colaboradores inmediatos, por ocupar cargos como funcionario o funcionaria importante de un órgano ejecutivo, legislativo, judicial o militar de un gobierno nacional o extranjero, elegido o no, un miembro de alto nivel de un partido político nacional o extranjero o un ejecutivo de alto nivel de una corporación, que sea propiedad de un gobierno extranjero. En el concepto de familiares cercanos se incluyen los padres, hermanos, cónyuges, hijos o parientes políticos de la persona expuesta políticamente. También se incluyen en esta categoría a cualquier persona jurídica que como corporación, negocio u otra entidad que haya sido creada por dicho funcionario o funcionaria en su beneficio".

conforman el grueso mayoritario de las crisis bancarias a nivel mundial.

Las crisis bancarias originadas por el manejo irregular de instituciones bancarias y por la realización de operaciones ilícitas en fraude a las leyes y a la confianza de los depositantes, por parte de sus administradores o grupos de control[11], han sido catalogadas cuidadosamente por los organismos y bancos centrales supervisores de todo el mundo, precisándose un catálogo de sus causas[12]. Así, destacan por frecuentes, y también por usualmente concurrentes, las siguientes causas:

a. Fraude en los aportes al capital social por los socios, es decir, que no hay aporte en dinero en efectivo sino que este se evade mediante la cesión de activos valorados muy por encima de su valor real, y en otros casos, mediante el puro asiento contable ficticio.

---

11 Un ejemplo de ello lo constituye la quiebra del BANCO AMBROSIANO, cuyo principal accionista era el Estado Vaticano. Su presidente, Roberto Calvi, que apareció muerto en Londres, expuso al banco en 14.000 millones de dólares, en operaciones exteriores de alto riesgo, concretamente altos créditos a empresas fantasmas latinoamericanas, créditos que contaban con la garantía de cartas firmadas por el cardenal Paul Marcinkus y Luis Mennini, los dos máximos responsables del Instituto para las Obras de la Religión (IOR), de la banca vaticana.

12 También la Organización de las Naciones Unidas, por órgano de la CEPAL, ha estudiado y precisado los factores cíclicos y recurrentes que conforman el patrón de las crisis bancarias, tanto en los países industrializados como en los no industrializados (Las citas corresponden al estudio: *Crisis Bancarias: causas, costos, duración, efectos y opciones de política*, por Juan Amieva Huerta y Bernardo Urriza González C (2000); ONU, CEPAL, División de Desarrollo Económico, Santiago de Chile).

En diversos estudios ha precisado los preidentificados investigadores, que durante el periodo de 1980 a 1996 por lo menos dos tercios de los 181 países que son miembros del FMI tuvieron problemas bancarios (Lindgren, et. al., 1996). En varias regiones, prácticamente cada país padeció por lo menos un problema bancario serio. La incidencia de crisis bancarias en las décadas de los ochenta y noventa ha sido mucho mayor que en las tres décadas anteriores. La frecuencia y el tamaño de las crisis financieras del último cuarto de siglo no tienen precedentes y han sido mucho más profundas que las experimentadas con anterioridad a 1950 (Honohan, 1996). En los 15 años más recientes, ubicándonos en el 2000, las crisis bancarias en los países en vías de desarrollo han sido más severas que las ocurridas en los países industrializados.

El completo estudio de la CEPAL contiene nociones fundamentales para entender las crisis bancarias y constituye y valioso instrumento y manual de actuación ante ellas. Les resumo sus aspectos más importantes.

DEFINICIÓN DE CRISIS BANCARIA: La CEPAL acogiendo una reunión sincrética de diversas definiciones dadas por la doctrina, define las crisis bancarias en atención a lo siguiente:

b. La abusiva y fraudulenta utilización de las políticas de crédito por los grupos de control de la institución, en unos casos para adquirir el paquete accionario de

---

* ...se considera que existe una crisis bancaria cuando se presentan uno o varios de los siguientes elementos: i) se incrementa la participación de la cartera vencida, dentro de la cartera total, a niveles que generan problemas de solvencia bancaria (Sundararaján y Baliño, 1991); ii) se dificulta la liquidación de créditos otorgados en una etapa anterior de auge económico (Veblen, 1904 y Mitchell, 1941); iii) se reduce el valor de los activos bancarios, lo que conduce a la insolvencia de bancos (Federal Reserve Bank of San Francisco, 1985); iv) se propicia una venta forzada de los activos, al volverse incompatibles sus valores de mercado con los de los pasivos (Fisher, 1933; Flood y Garber, 1981; Minsky, 1982); v) gran parte de los deudores dejan de ser sujetos viables para la obtención de nuevos créditos (Guttentag y Herring, 1984; Manikow, 1986); y vi) la demanda por reservas monetarias es tan intensa que no puede ser satisfecha en el corto plazo (Schwartz, 1985; Wolfson, 1986; Mirón, 1986). Las razones por las cuales los problemas bancarios requieren de especial atención se deben a sus consecuencias internas en las economías y a sus repercusiones en otros países, ante la alta integración de los mercados financieros internacionales (Goldstein y Turner, 1996)".

CAUSAS DE LAS CRISIS BANCARIAS: La CEPAL precisa las diversas causas que pueden reunirse en dos categorías:

...Las causas de las crisis bancarias pueden dividirse en macroeconómicas y microeconómicas. Por lo que respecta a las causas macroeconómicas, la mayoría de las crisis bancarias estuvieron precedidas por un deterioro generalizado en el ambiente macroeconómico, caracterizado por disminuciones en la actividad económica y aumentos en las tasas de interés. Lo anterior redujo la capacidad del servicio de la deuda de los clientes bancarios, deteriorando así a los activos de los bancos. Los choques macroeconómicos también afectaron la demanda de pasivos bancarios y la disponibilidad de capital internacional, y por lo tanto, la habilidad de los bancos para fondear sus portafolios. Los países con ambientes macroeconómicos más volátiles e inestables mostraron mayor vulnerabilidad en sus sistemas bancarios. La volatilidad en esos países se explicó por altas tasas de inflación, apreciación del tipo de cambio real, deterioro en los términos de intercambio y fluctuaciones adversas en las tasas internacionales de interés. Crisis bancarias: causas, costos, duración, efectos y opciones de política 36 La pérdida de confianza también influyó en las crisis bancarias. En este caso, señales económicas, políticas y sociales, generaron expectativas desfavorables que provocaron retiros masivos de depósitos. Los aumentos en los agregados monetarios incrementaron la fragilidad de los sistemas bancarios, cuando se presentaron en conjunto con los siguientes elementos: a) el capital bancario y/o las reservas para créditos irrecuperables no se expandieron para considerar el riesgo de los activos bancarios; b) el aumento en los pasivos bancarios fue muy acelerado en comparación con el tamaño de la economía y con el saldo de reservas internacionales; c) los activos de los bancos diferían significativamente de los pasivos en términos de plazos de vencimiento y denominación monetaria; y d) la economía estaba sujeta a choques de confianza.

En lo que se refiere a las causas microeconómicas, destaca la debilidad en la regulación y supervisión bancarias, lo cual constituyó, en los países analizados en el presente estudio, la razón más importante de la generación de las crisis debido a que la mayoría de los países no contaban con controles internos adecuados y se observaron prácticas poco sanas en el otorgamiento de créditos, e incluso fraudes. Los inadecuados sistemas de contabilidad y de presentación de los estados financieros de los bancos vulneraron a algunos sistemas bancarios. En varios países, los principios contables para clasificar activos bancarios con problemas no eran lo suficientemente precisos, por lo que los bancos podían refinanciar créditos con problemas y así presentar la información como óptima. Dado que estos activos se

control del banco, a un alto precio, pero con un pequeño pago inicial, y el resto aplazado sucesivamente.

---

subestimaban sistemáticamente, las reservas para pérdidas no eran las adecuadas y los reportes de utilidades netas y de capital bancario estaban sistemáticamente sobrestimados. Los esquemas de liberalización financiera, al realizarse de manera precipitada, incrementaron los riesgos a los que se exponían los bancos y aumentaron la probabilidad de que se generaran crisis bancarias. En la mayor parte de los casos, al liberarse las tasas de interés, los bancos perdieron la protección que gozaban bajo estructuras intertemporales reguladas. La mayor competencia aumentó la volatilidad de las tasas de interés y la expansión crediticia pudo validar amplias demandas por crédito sin la adecuada evaluación del riesgo. En este contexto, sólo cuando el marco de regulación y supervisión se fortaleció antes de la liberalización, las autoridades monetarias pudieron contar con los elementos necesarios para evaluar y actuar adecuadamente ante las nuevas circunstancias. En la mayoría de los países que padecieron crisis bancarias, los índices de cartera vencida presentaron valores elevados en comparación con periodos precedentes. Los bancos con problemas, para cubrir los costos de su cartera vencida, a menudo ampliaron sus márgenes de intermediación financiera penalizando con esto a los usuarios de crédito y reduciendo los incentivos a la inversión. En la generación de crisis bancarias, también desempeñó un papel importante la participación estatal en la propiedad de los bancos. Los bancos con participación estatal dirigieron financiamientos a ciertos sectores de la economía que se consideraban prioritarios, por lo que la correcta evaluación de los acreditados tuvo poca relevancia. En general, los sectores a los que se canalizó el crédito presentaban un alto riesgo, como la agricultura y la pequeña y mediana industrias. Asimismo, las pérdidas en que incurrían, al poder ser cubiertas por el gobierno, no incentivaban la innovación, la detección oportuna de problemas crediticios o el control de costos. Por ello, en la mayoría de los casos, las carteras vencidas de estas instituciones eran superiores a las de los bancos privados. Otro de los factores microeconómicos que contribuyó a la generación de las crisis bancarias fue el otorgamiento de créditos a partes relacionadas con los bancos. En general, este tipo de créditos se otorgaron a los accionistas y administradores de los bancos, así como a empresas vinculadas. Los riesgos derivados de estas operaciones surgieron por la falta de objetividad en el otorgamiento de los créditos y por la concentración de los mismos. Así, cualquier dificultad que se presentó en la solvencia de alguno de los grandes deudores relacionados, se transmitió automáticamente a los bancos e incluso a los sistemas bancarios. Los problemas de información asimétrica tuvieron un papel fundamental en la configuración y profundización de las crisis bancarias. Dado que las transacciones financieras involucran el intercambio de recursos en el presente por promesas de pago en el futuro, la asimetría de información entre los prestamistas y los prestatarios, con respecto al rendimiento de los proyectos que darían lugar al pago futuro de los créditos, elevó los riesgos y costos de las transacciones financieras y originó complicaciones de selección y monitoreo que afectaron a los mercados de crédito.

MEDIDAS ADOPTADAS PARA ENFRENTAR LAS CRISIS BANCARIAS.

Las medidas adoptadas para hacer frente a las crisis bancarias, por lo general, se enfocaron a evitar la propagación de las crisis, restaurar la confianza de los depositantes, proteger el sistema de pagos y propiciar la reestructuración y recapitalización de los bancos viables con problemas. En la mayoría de los casos, la intervención del gobierno y/o del Banco Central fue fundamental para proveer de liquidez y mantener la integridad del sistema bancario. De no haber sido este el caso, el deterioro en la situación financiera del sistema bancario se hubiera transmitido rápidamente al sector real, generándose así un colapso, difícilmente reversible, en la actividad económica. Las medidas instrumentadas en las crisis bancarias de varios países pueden clasificarse en: medidas de asistencia a bancos; medidas de asistencia a deudores; y medidas que reforman el marco legal (Sundararaján y Baliño, 1991).

Dentro de las medidas de asistencia a bancos se encuentran las inyecciones de capital por parte del Banco Central y el otorgamiento de créditos a tasas de interés subsidiadas. Con

Posteriormente y ya bajo el control del grupo, estos mismo sujetos directamente o por interpuesta persona natural o jurídica recibían crédito para atender los pagos sucesivos, en condiciones de tiempo y cantidad muy favorables, créditos que en la mayoría de los casos fueron cruzados y sin garantía, o con garantías sobrevaluadas y que a la hora de su ejecución resultaron irrealizables por ficticias o insuficientes.

c. Los grupos de control también destinaron grandes cantidades del dinero de las instituciones que controlaban a negocios altamente especulativos, destacando las inversiones en el mercado inmobiliario. Cuando la concentración de riesgos era consecuencia de la concesión de créditos a filiales del Banco, su finalidad fue con frecuencia financiar la compra de acciones del propio Banco o de otras instituciones del grupo financiero y, si este cotizaba en bolsa, para sostener la cotización bursátil.

d. La mala gestión del riesgo bancario, sea por falta de competencia de las unidades acreditadas para ello, o por la deficiencia de los controles o estrategias para evitar exposiciones peligrosas o exageradas[13].

---

respecto a las medidas para asistir a los deudores, éstas incluyen ayuda técnico—financiera, refinanciamiento de los créditos, así como tipos de cambio preferenciales para deudas denominadas en moneda extranjera. Adicionalmente, las crisis bancarias han impulsado reformas substanciales en los marcos legales. Estas reformas han incluido la limitación en la concentración de préstamos, sistemas más adecuados para la evaluación de las instituciones financieras, información pública de la calidad de los activos financieros y requerimientos de capital más estrictos".

13 Caso ejemplificativo, el del Banco Barings, fundado en 1762 y que resistió las guerras napoleónicas, las dos guerras mundiales y diversos avatares macroeconómicos que sacudieron al Reino Unido, pero que fue "tomado" internamente por un solo individuo que supo dislocar y encontrar las grietas que le permitieron un fraude contable que terminó quebrando al Banco, como lo explicamos en detalles más adelante.
Otro caso de fraude por deficiencia en los controles del riesgo es el del Banco Francés Crédit Lyonnais, fundado en Lyon en 1863. En 1900 era considerado el banco más grande del mundo. Después de la Segunda Guerra Mundial, comenzó su proceso de nacionalización, con lo cual se generó un solapamiento y confusión para la administración acerca de si debía seguir las instrucciones de las autoridades políticas francesas o si debía focalizarse en la toma de decisiones comerciales sujetas a límites y controles de riesgo. El Banco comenzaría un proceso de expansión geográfica, financiera y comercial que lo llevo a una exposición a riesgo que se tornó irreversible, entre 1988 y 1993.

D. *Otras causas*

a. Otro factor fundamental que coadyuvó a la gestación de las crisis eran las amplias limitaciones legales que restringían y hasta impedían la supervisión por la Autoridad Administrativa Sectorial o por los Bancos Centrales, de las empresas filiales, matrices,

---

En 1987, Jean-Yves Haberer, fue nombrado por el presidente François Mitterand como director del Crédit Lyonnais, quien comenzó a ejecutar una política de expansión del banco a largo plazo, adquiriendo nuevas sucursales, haciendo nuevas inversiones y abriendo oficinas en Francia y alrededor del mundo.

A finales de los años 80, el Crédit Lyonnais había acumulado una cantidad considerable de capital debido a los acuerdos que había hecho en el pasado, con lo cual se mantuvo estable a pesar de la desaceleración de crecimiento en Europa debido a la Guerra del Golfo. Sin embargo, de manera disonante y a pesa r dela aparente buen funcionamiento del Banco, dos de sus sucursales comenzaron a generar pérdidas: Altus Finance y sus acuerdos con algunas compañías de seguros en Estados Unidos, y, en segundo lugar, el Crédit Lyonnais de Holanda, que suscribió varios tratos fallidos con estudios cinematográficos de Hollywood.

Altus Finance, una compañía de finanzas, había sido adquirida por el Crédit Lyonnais en 1990 para apuntalar el proceso de expansión. En 1991, Altus comenzó una negociación con el Departamento de Seguros de California para comprar bonos especulativos de alto riesgo a través de Aurora, una sociedad que la filial del banco controlaba secretamente, lo cual violaba las regulaciones del gobierno estadounidense. Al comienzo, algunos de los tratos cerrados en Altus generaron buenas utilidades, pero la sucursal empezó a invertir en sectores que no lo justificaban y que constituían áreas inusuales, en todo caso nuevas para el Banco: ocio, gestión de residuos, cursos de golf, distribución de comida e incluso bienes de lujo. Esas inversiones, que se desarrollaron entre 1989 y 1993, fueron las responsables de millones de pérdidas.

Sumado a esto, el Crédit Lyonnais de Holanda, que había otorgado numerosos préstamos a diversos estudios de Hollywood, siendo legítimos muchos de ellos, sin embargo, relajando los controles de riesgo, el Banco comenzó a otorgar préstamos a inversores de dudosa solvencia y con problemas judiciales y financieros, sin verificar la capacidad de pago de estos inversores.

El detonante de estos malos prestamos fue la compra de Metro-Goldwyn-Mayer, para lo cual la sucursal de Holanda le otorgó a dos defraudadores redomados, Giancarlo Paretti y Florio Fiorini, un par de negociantes italianos que ya habían estado envueltos en casos de fraude y de lavado de activos, un préstamo de dos mil millones de dólares para adquirir la productora.

Un año después la compañía cinematográfica se encontraba en una severa crisis financiera generada por las arriesgadas inversiones de sus propietarios. Ante la evidente e inminente bancarrota, y a pesar de las ostensibles pérdidas, el Crédit Lyonnais, desoyendo los principios básicos y elementales de riesgo crediticio, continuó otorgando préstamos multimillonarios para intentar salvar a la productora.

Finalmente, el Crédit Lyonnais adquirió gran parte de las acciones de la MGM, hasta que vendió esa compañía a su dueño inicial, Kirk Kerkorian.

El resultado final fue pérdidas por más de mil millones de dólares debido a los préstamos otorgados incumpliendo los principio básico de control, gestión y dispersión del riesgo.

En septiembre de 1992, el Ministerio de Economía, Finanzas e Industria de Francia puso bajo control administrativo al Crédit Lyonnais, después de haber descubierto que los portafolios de préstamo e inversión del banco habían sufrido pérdidas masivas. Esto produjo la salida de Haberer.

relacionadas o vinculadas, muchas de ellas "construidas" y constituidas luego de un trabajo de ingeniería financiera que les permitía escapar del ámbito competencial de supervisión de la Autoridad Bancaria. Estas empresas, normalmente propiedad de los accionistas de control de los bancos, llegaron a tener más activos que el propio banco a costa de créditos flexibles otorgados violando la prohibición de otorgar créditos a las empresas relacionadas o vinculadas, y concentraban la cartera crediticia de una forma desproporcionada.

b. Otra causa relevante repetidas veces vista en la historia de las crisis bancarias es la de préstamos de alto monto y concentrados en un solo deudor, que por alguna razón sobrevenida se ve impedido de cumplir con la restitución[14].

Finalmente, en 1999 Crédit Lyonnais fue reorganizado y comprado por el banco Crédit Agricole.

Lecciones aprendidas

Como los han puesto de manifiesto los expertos :

...El caso del banco Crédit Lyonnais demuestra que un reporte de riesgo independiente y a tiempo es crucial durante los periodos de expansión y crecimiento de una economía. Asimismo, enseña que una mala segmentación de clientes y un inadecuado control del riesgo de las inversiones puede dar al traste con las ganancias y la reputación de una entidad.

Aunque Haberer se reunía con los líderes de negocios del banco y de sus sucursales, el Crédit Lyonnais carecía de controles sistemáticos sobre los riesgos de las inversiones y sobre el reporte de riesgo de su compleja red de negocios. A la postre, eso acabó perjudicando las utilidades del banco.

Por último, la quiebra del Crédit Lyonnais también nos enseña que, cuando los intereses políticos y burocráticos priman sobre los comerciales, se termina descuidando el manejo de los riesgos potenciales y, por tanto, se ven amenazados el capital, la reputación y la seguridad de una organización. Véase: News Criminal Compliance (16 de abril de 2021), *Los casos más impactantes de fraude financiero*. https://newscriminalcompliance.com/2021/04/16/los-casos-mas-impactantes-de-fraude-financiero/

14 Ejemplo de ello, como lo estudia y lo expresa JOSE LUIS PEYDRO, la crisis bancaria alemana que comenzó en el verano de 1931 con el colapso de Danatbank, liderado por el prominente banquero judío Jakob Goldschmidt. Después del fracaso de Austrian Credit-Anstalt en mayo de 1931, hubo retirada de depósitos de bancos extranjeros en Alemania. Danatbank tuvo pérdidas insostenibles debido a que uno de sus prestatarios, una gran empresa textil, incumplió debido a fraude. Las grandes pérdidas inesperadas no estaban relacionadas con otras actividades de préstamos industriales de Danat, pero llevaron a su colapso en julio del 31, junto con las retiradas internacionales de depósitos. Danat era el segundo banco más grande de Alemania y, como algunos de los principales historiadores argumentan, su desaparición provocó una crisis bancaria general que implicó que se pasara de la recesión económica a la depresión económica, y podría estar relacionada con el ascenso de Hitler al poder en el 33. El colapso de Danat, asolado por el escándalo, aumentó el sentimiento

c. Finalmente, juega también como causa de las crisis bancarias, la utilización de los circuitos off shore para remitir grandes cantidades de dinero y para captar en divisas o conceder créditos con garantías otorgadas sobre los depósitos off shore, que en muchos casos no existían, o eran inejecutables.

E. *"La contabilidad creativa"*

Consideración aparte o propia, aun cuando admite ser calificada como una causa endógena, merecen los fraudes bancarios que han sido el producto innovador de la denominada "contabilidad creativa" practicada por las empresas de auditoría, en la mayor parte de los casos las más importantes del mundo, en asociación con la alta gerencia de las instituciones bancarias defraudadas.

Cuando hablamos de contabilidad creativa, nos estamos refiriendo a una variante de la actividad contable ordinaria, entendida esta última como una disciplina regulada por códigos y manuales dictados por la autoridad sectorial competente, consistente en la técnica para el registro de las operaciones y hechos que afectan económicamente a la entidad, generando información financiera.

Una buena parte de los estudiosos y expertos en la materia aducen que la manipulación contable es una consecuencia del hipercompetitivo mundo empresarial actual, línea que ha sido sostenida por BERMUDEZ. C (2009) al afirmar:

> ...A la información suministrada por los estados financieros sobre la situación de la empresa, hace necesario encontrar muchas veces una manipulación intencionada o natural de los resultados alcanzados, todo ello para mostrar una actitud positiva y atractiva a todos los usuarios externos ya sean inversionistas, acreedores, y prestamistas entre otros...[15].

---

antisemita en muchas partes de la sociedad alemana; también le permitió al partido nazi explotar en su propaganda un ejemplo aparentemente claro de males económicos causados por judíos. Al respecto véase: PEYDRO, José Luis et al. *Crisis bancaria y extremismo: La crisis bancaria alemana de 1931 y los nazis.*

15 Citado por SAMANIEGO, Alberto (2019): *LA CONTABILIDAD CREATIVA ¿La quimera del sistema actual de Gobierno Corporativo?* Tesis de Doctorado, Universidad de Comillas, Madrid, pp. 8, 9, 10.

Ya intentando construir una definición sólida de la "contabilidad creativa" es clara a nuestro juicio la definición de PIRELA (2009):

> ...Aprovechar los vacíos de la normativa legal en cuanto a las diferentes[16] posibilidades de elección con el propósito de transformar la información contable que se presentan en los estados financieros de las empresas...

En este tema, existen dos posiciones antagónicas:

—. Los que opinan que la contabilidad creativa tan solo toma ventaja de la flexibilidad y los vacíos legales de la normativa contable y por tanto se valora como una actividad plenamente legal y;

—. Los que interpretan la tarea contable no considerada aisladamente y respecto a si misma, si no en el contexto y respecto a la actividad cuyos resultados financieros ella traduce, asienta y refleja, y en la imagen que esta información transmite a terceros que tienen la expectativa o el derecho ya instaurado de una relación financiera, comercial, etc. con la empresa o institución beneficiaria de la creatividad de su o sus auditores. Esta posición estima que la contabilidad creativa se encuentra cercana al fraude. Es el caso de los autores GUEVARA y COSENZA (2004), quienes entienden que tal variante de la contabilidad ordinaria,

> ...Estrategia o fraude, la contabilidad creativa es una manipulación de la información con el fin de mejorar o empeorar la situación de una empresa. Su propósito es presentar otro tipo de información distinta a la real, para proyectar una matriz de opinión positiva en referencia a aspectos como la rentabilidad y solidez[17].

Para estos dos autores no es válida la diferencia entre la estrategia contable y el delito, dado que consideran que la transparencia informativa es un requisito indispensable para el eficiente

---

16 PIRELA ESPINA, Willian Alberto (2000): *La contabilidad creativa. Un "maquillaje" a los Estados Financieros.* El Cid Editor, 19 páginas.

17 GUEVARA G., Iván R.; CONSENZA, José Paulo (2006): *Principales causas que motivan la contabilidad creativa en Venezuela: La gerencia y sus herramientas de manipulación* Compendium, vol. 9, núm. 16, julio, 2006, pp. 5-31 Universidad Centroccidental Lisandro Alvarado Barquisimeto, Venezuela, pp 15.

funcionamiento del orden socioeconómico en general y, por ello, se hacen necesarias un conjunto de medidas, normas, reglas y requisitos diversos, con el objeto de garantizar que la adecuada información económica y financiera de las empresas llegue a sus usuarios, principalmente la referida a las empresas que, por sus características específicas, resulten de interés general para la sociedad, como es el caso precisamente de las instituciones financieras.

En el caso de NASSER (1993),

> ...La contabilidad creativa es el proceso de manipulación de la contabilidad para aprovecharse de los vacíos de la normativa contable y de las posibles elecciones entre diferentes prácticas de valoración y contabilización que ésta ofrece, para transformar las cuentas anuales de lo que tienen que ser a lo que, quienes las preparan, prefieren que sean [...] en lugar de reflejar estas transacciones de forma neutral y consistente...[18]

GUEVARA y COSENZA encuentran que toda manipulación contable tiene un objetivo subyacente y, en función de éste, pueden distinguirse tres razones para distorsionar los datos contables; es decir: a) para mejorar la situación real; b) para presentar una situación estable y sin volatilidad en el tiempo y; c) para presentar una situación debilitada[19].

En cualquier caso las alternativas que ofrece la contabilidad creativa, no obstante su elección discrecional entre diversas vías contables válidas; el aprovechamiento de las lagunas o vacíos existentes en la regulación contable; y, la manipulación en las áreas en las que existe mayor subjetividad, buscan adecuarse a los principios de

---

18 NASER, K. (1993): *Creative Financial Accounting: its nature and use.* PrenticeHall, London. Véanse igualmente: AMAT, O. y BLAKE, J. (1999): *Contabilidad Creativa.* 3. ed. Gestión 2000, Barcelona. AMAT, O.; MOYA, S. y BLAKE, J. (1997): *La Contabilidad Creativa. Partida Doble,* n.79, junio, p.24-32. Madrid. GUEVARA, I.; COSENZA, J. (2004): *Los auditores independientes y la contabilidad creativa: estudio empírico comparativo.* Compendium, n.12, julio pp. 5-24. MONTERREY, J. (1997): *Entre la Contabilidad Creativa y el delito contable: la visión de la Contabilidad privada.* Trabajo presentado en el V Seminario Carlos Cubillo, U. Autónoma de Madrid.

19 GUEVARA y COSENZA, ob. cit. p. 15.

contabilidad generalmente aceptados, tanto nacionales como internacionales[20].

Las áreas o cifras financieras frecuentemente sometidas a manipulación, distorsión o maquillaje contable son, en primer lugar, la cifra de resultados, lo cual a su vez exige previamente modificaciones en los criterios de reconocimiento, valoración, registro y presentación de las cuentas nominales que la conforman, es decir, la cuenta de ingresos y la cuenta de gastos.

La LISB del 08/12/2014[21] tipifica como delito la elaboración, suscripción, autorización, certificación o publicación de cualquier clase de información, balance o estado financiero que no refleje razonablemente la verdadera solvencia, liquidez o solidez económica o financiera de las personas sometidas al control de la SUPERINTENDENCIA DE LAS INSTITUCIONES DEL SECTOR BANCARIO, tal y como lo establecen los artículos 215 y el 217 para el caso específico de los auditores externos. Es de hacer notar que ninguna de las dos normas menciona la información falsa como objeto del delito, sino que, en el caso del artículo 215, la información que da lugar a la tipificación del delito es aquella "que no refleja razonablemente..." la situación patrimonial del banco; y en el caso del artículo 217, el presupuesto de hecho para la tipificación del delito es que los auditores externos suscriban, certifiquen, adulteren, falsifiquen o suministren un dictamen" ... que no refleja la verdadera, liquidez o solides económica de las instituciones del sector bancario...".

De modo que, pareciera que el legislador tenía en mente la tipificación como delito de las variantes de la "contabilidad creativa", la cual precisamente se adecua a las normas contables aplicables y en

[20] Véase: GUEVARA G., Iván R.; COSENZA, José Paulo (2004): *Los auditores independientes y la contabilidad creativa: estudio empírico comparativo* Compendium, vol. 6, núm. 12, julio, 2004, pp. 5-24 Universidad Centroccidental Lisandro Alvarado Barquisimeto, Venezuela

[21] Publicada en la Gaceta Oficial Extraordinaria N° 6.154 del 19 de noviembre de 2014 y posteriormente reimpresa por error material en la Gaceta Oficial N° 40.557 del 8 de diciembre de 2014, el Decreto con Rango, Valor y Fuerza de Ley de Instituciones del Sector Bancario (en lo sucesivo "Ley de Bancos"), derogó y sustituyó al Decreto con Rango, Valor y Fuerza de Ley de Reforma Parcial de la Ley de Instituciones del Sector Bancario1 , que a su vez había reformado parcialmente la Ley de Instituciones del Sector Bancario de 2010 .

la que el maquillador contable asume alguna de las alternativas de presentación de la información, que sin falsearla, la distorsionan[22].

---

[22] La creatividad contable en Venezuela ha tenido una larga tradición, y ha sido responsable entre otras causas y hechos, de la crisis financiera de 1994, en la cual jugo un papel fundamental ocultando la verdadera situación patrimonial de los bancos, tanto para evitar medidas del organismo de supervisión, como para conseguir el otorgamiento de auxilios financieros que estaban vetados legalmente a bancos con problemas de insolvencias, salvo que FOGADE los hubiera adquirido previamente.

La vigente LISB dispone en su artículo 76 que las instituciones bancarias, sociedades de garantía reciprocas, fondo nacionales de garantías reciprocas, sociedades y fondos de capitales de riesgo y casas de cambio, se someterán a las Normas Contables dictadas por la SUDEBAN; mientras que el artículo 171 dispone como atribución del organismo de supervisión, dictar las normas contables para la elaboración, presentación y publicidad de los estados financieros de las instituciones mencionadas, basadas dichas normas "...en los principios de contabilidad generalmente aceptados...", y en "...las normas para una supervisión bancaria efectiva, en especial las relativas a: a) Consolidación y combinación de estados financieros; b) Integración de los estados financieros de las sucursales de bancos domiciliados en Venezuela que operen en el exterior; c) Operaciones contingentes, estén o no reflejadas en los registros contables; d) Operaciones de fideicomiso, mandatos, comisiones y otros encargos de confianza .

Bajo estos parámetros la SUDEBAN dicta los Manuales de Contabilidad que deben seguir las instituciones bancarias para la elaboración de sus estados financieros y en general para la presentación y publicidad de toda la información financiera que genere la institución. Actualmente se encuentra vigente el Manual de Contabilidad para Instituciones Bancarias, dictado en febrero del 2021, y con el cual el Organismo Supervisor persigue "...uniformar el registro contable de las operaciones que realizan las instituciones bancarias autorizadas para operar en la República Bolivariana de Venezuela..." y "...obtener estados financieros que reflejen de manera transparente la situación económica financiera y los resultados de la gestión de las mismas, y que constituyan un instrumento útil para el análisis de la información y la toma de decisiones por parte de los administradores, directores y propietarios de las instituciones, de las entidades responsables de la regulación y fiscalización de las mismas, del público depositante y usuario de servicios financieros y de otras partes interesadas..." (introducción al Manual).

En nuestro país la Federación de Colegios de Contadores Públicos de Venezuela (FCCPV) aprobó la adopción de las Normas Internacionales de Información Financiera emitidas por el Consejo de Normas Internacionales de Contabilidad, (IASB, siglas en inglés) previa revisión e interpretación de cada una de ellas, por parte del Comité Permanente de Principios de Contabilidad (CPPC) y aprobación en un Directorio Nacional Ampliado o cualquier órgano competente para ello. Los Principios de Contabilidad Generalmente Aceptados en Venezuela, se identificarán con las siglas VEN-NIF y los Boletines de Aplicación identificados con las siglas BA VEN-NIF, los cuales contienen las normas vigentes aprobadas.

Los principios de contabilidad generalmente aceptados en Venezuela VENNIF, se clasifican en dos (2) grupos: 1. VEN-NIF GE, correspondientes a los principios de contabilidad que adoptarán las grandes entidades y están conformados por los Boletines de Aplicación (BA VEN-NIF), que deben ser aplicados conjuntamente con las Normas Internacionales de Información Financiera (NIIF completas); y 2. VEN-NIF PYME, correspondientes a los principios de contabilidad que adoptarán las pequeñas y medianas entidades, conformados por los Boletines de Aplicación (BA VEN-NIF), que deben ser aplicados conjuntamente con la Norma Internacional de Información Financiera para Pequeñas y Medianas Entidades (NIIF para las PYMES).

De lo expuesto hasta aquí, resulta evidente que los desequilibrios y problemas de un banco tienen su origen en deficiencias o insuficiencias en su propia estrategia de mercado o por fallas operacionales, siendo la más frecuente de estas fallas o deficiencias la representada por la deficiente o irregular evaluación de créditos. Esta es la causa específica más común de los problemas bancarios, como con razón lo señala LATTER[23]. Con frecuencia, este factor está muy vinculado al ciclo macroeconómico. Como lo señaló recientemente el Banco de Inglaterra:

> ...con frecuencia... en periodos de crecimiento económico, los bancos se concentran en ampliar su balance. Una combinación de optimismo sobre el futuro económico y de presión competitiva para mantener su participación en el mercado, hace que la evaluación rigurosa del crédito se coloque en un segundo lugar... de modo que los problemas posteriores son más severos de lo que sería de esperar....

Como parte fundamental de la selección o escogencia desfavorable del crédito, o mejor dicho del prestatario beneficiario del crédito, juega directamente un rol fundamental la capacidad técnica de los funcionarios del banco.

Ello quiere significar que tendencialmente los bancos tienden a conceder crédito a proyectos que muestran una imagen más especulativa, mientras que lo niegan muchas veces a clientes que son cuidadosos con el costo del riesgo. Estos clientes especulativos aceptan incluso tasas más altas, lo cual satisface de ordinario a los departamentos de crédito de los bancos.

Otra de las causas frecuentes de las crisis bancarias y respecto a la cual existe consenso entre los expertos es la derivada de la exposición a riesgos de tasas de interés o de tipos de cambio, que pueden traducirse en pérdidas significativas, y ante las cuales los controles internos y operacionales muchas veces son ineficientes, dado que, las variaciones contingentes de las tasas de interés o de los tipos de cambio pueden deberse al entorno político y a la ejecución de

---

23 LATTER, Tony (1997): *Las causas de las crisis bancarias y su manejo*, Publicado por el Centro de Estudios de Banca Central, Banco de Inglaterra, Londres EC2R 8AH, julio, pp. 20, 21, 22.

políticas públicas inesperadas que alteran sustancialmente el entorno macroeconómico.

Hemos mencionado también como causa no solo técnica de riesgo, sino como manifestación de conducta fraudulenta, la concentración de préstamos y préstamos vinculados. En esta conducta, incide muchas veces las circunstancias de que "...en algunos países los bancos individuales o tienen vínculos de larga permanencia con clientes específicos o con sectores económicos, o se establecieron recientemente con base en ese tipo de vínculos"[24].

Existe otra causa cada vez más frecuente que se ha ido perfilando en la última década y con el ascenso de la tecnología a la toma de control de las instituciones bancarias, y esa causa se encuentra constituida por la toma de posiciones no autorizadas y las institución, aprovechándose el que así asume el riesgo, de fallas en los controles internos[25].

---

24 LATTER, ob. cit., p. 21.

25 Idem, p. 21. En los casos de Barings, Morgan Grenfell y Daiwa un sólo individuo que supo hacerse con posiciones formales o de hecho de poder dentro de la institución e introducirse en las grietas de mecanismos de control deficiente, entre ellos la confianza ciega de sus superiores, resultó ser el responsable de las pérdidas.
En el caso Barings, uno de los bancos más antiguos del mundo, fundado en 1762, era de esperar la existencia de rigurosos y probados controles internos a lo largo de su dilata historia y trayectoria.
Cuando Barings comenzó a expandir su negocio de trading por Asia, confió a Nick Leeson la labor de conformar un equipo de trading y comenzar a operar en la zona. Nick Leeson, aparte de trader, consiguió llevar el control del Back Office y del Risk Manager, es decir, tenía control absoluto de las operaciones de Barings en Asia y a la vez, paradójicamente, manejaba el departamento de riesgos de la sucursal, debiendo reportar directamente a Londres. Tal concurrencia de funciones ya revelaba serios problemas de control interno y mal manejo del riesgo, dado que ello era operativamente inconveniente y absolutamente inusual.
En Singapur, Leeson y su equipo tenían la autorización para realizar transacciones con futuros y opciones para los clientes u otras firmas dentro de Barings, y también para buscar oportunidades de arbitraje con un riesgo mínimo sobre las diferencias de precio entre los futuros transados en el Simex sobre el índice Nikkei 225 perteneciente a la Bolsa de Japón (Osaka). Estas operaciones autorizadas al equipo de los traders tenían un riesgo muy bajo. Por ello, es posible que nadie en el Banco pensara que Nick Leeson podría realizar operaciones de grandes volúmenes asociadas a riesgos altísimos, y en especial con una oficina relativamente nueva en una división muy pequeña del banco más antiguo de Inglaterra, caracterizado públicamente por una cultura organizacional conservadora..
Al comienzo, Nick Leeson operaba con opciones a futuro del Nikkei en el Mercado de Valores japonés, de forma tradicional, pero progresivamente fue aumentando su apalancamiento (leverage), asumiendo posiciones de mayor riesgo y envergadura. Con el tiempo, un día el mercado le llevó la contraria a Nick Leeson y tuvo pérdidas. No eran demasiado importantes, pero no quiso reportarlas a la sede central de Barings para que no se preocuparan. Creó la famosa "cuenta 88888" calificándola como "errores de Back Office".

A todo el inventario de causas históricamente cíclicas que generan las crisis bancarias, debe añadirse como factor agravante la prácticamente nula actividad de las Unidades de Inteligencia

---

Al poco tiempo de iniciar esta espiral especulativa, exactamente el 17 de julio de 1992, un empleado bajo su dirección, del equipo que él había conformado, compró por error veinte contratos de títulos futuros del *Japan Governamental Bond*. Leeson entonces abrió la famosa cuenta 88888 para hacerle seguimiento al error. A partir de entonces la cuenta pasó a ser usada para esconder transacciones no autorizadas, cobijando decenas de operaciones del mismo tipo entre septiembre y diciembre del mismo año. Leeson falseó la contabilidad. Lo que en principio fue una pequeña estrategia contable se convirtió en costumbre cuando, debido a la presión de trabajar en ese mercado, los errores se sucedieron. Estos errores y las diferencias contables sólo se podían "arreglar" realizando más operaciones para intentar recuperar esas pérdidas, lo que aumentaba el riesgo.

Antes del colapso, Leeson manejaba el 40% de las operaciones de ese mercado, lo que constituía un grave error de control interno del Banco ya que nadie tenía autorización para operar con tanto volumen. Leeson mantenía una estrategia para operar que funcionaba muy bien cuando no hay una tendencia definida y el mercado se movía en un rango de cotizaciones muy estrecho.

En julio de 1993, Leeson había revertido temporalmente su posición de pérdida y había obtenido ganancias astronómicas. Sin embargo, al continuar efectuando operaciones no autorizadas sin ninguna supervisión, llegó a acumular pérdidas por más de un millón de libras, pero Leeson disimulaba sus márgenes diarios pidiendo transferencias a la sede de Barings en Londres, situación que no resultó sospechosa para la administración del banco. Ganó mucho dinero, recuperó con creces todas las pérdidas de la cuenta 88888.Leeson comenzó a operar apalancado de esta manera, era la posición más importante de Asia, llegando a comprarse y venderse contratos a sí mismo.

En julio de 1994, se realizó una auditoría interna en el Baring Futures Singapore (BFS). Aunque no se identificó ninguna anormalidad acerca de operaciones no autorizadas, sí se advirtió en el informe final que Leeson ejercía la doble función de *trader* y encargado del back office, lo cual le permitía efectuar transacciones para luego ajustarlas contablemente según sus propias instrucciones, pero esta señal de alerta fue ignorada por la Alta Gerencia de Baring.

En enero de 1995, Leeson realizó una operación temerariamente arriesgada contando con la estabilidad de los mercados nipones hasta el día siguiente, pero ese mismo día se produjo el terremoto de Kobe en Japón, y el mercado entró en una clara tendencia bajista, fue el fin. La exposición del Banco era tan grande que ese desplome le llevó a perder más de 1.000 millones de dólares y terminó quebrando.

El Banco Barings se declaró insolvente el 26 de febrero de 1995 y fue comprado por el banco holandés ING Bank por la suma simbólica de 1 libra, haciéndose cargo esta institución de los pasivos del banco insolvente.

Esta quiebra es un caso de estudio de varios errores críticos: falta de control interno sobre las posiciones de inversión; inexistencia de señales de alarma ante las modificaciones o distorsiones contables. Lo cierto es que el caso deja varias lecciones, las cuales sumariamente enunciadas pudieran resumirse destacando que la auditoría , tanto interna como externa, debe ser un factor vital y permanente en los negocios de inversiones o en aquellos que tengan un componente especulativo

Por otra parte, internamente en la institución bancaria siempre será inusual e inclusive manifiestamente irregular el que una sola persona tenga el control del front office y back office de una empresa a la vez así como el control de la unidad de riesgos. De otra parte, la estructura organizacional de las empresas debe contemplar supervisiones constantes a todo el personal, de tal manera que se puedan mitigar los riesgos relacionados a manejos no éticos

Financiera de las instituciones bancarias respecto a la ilegal e ilegítima actividad de sus respectiva instituciones para determinar, perseguir y denunciar la sustracción de activos, tanto en dinero proveniente de los préstamos, como mediante su adquisición con créditos "blandos y personales".

2. La crisis sistémica de 1994 en Venezuela. Breve sinopsis

Dos significativas crisis bancarias se han producido en Venezuela: la crisis de comienzos de los años 60`s y la crisis del año 1994.

La primera crisis, como lo reseña GUILLEN, se generó en los años siguientes a la caída de la dictadura de Pérez Jiménez (1958), y ante la incertidumbre política de tener un nuevo gobierno, lo que condujo a una significativa salida de capitales, mientras que simultáneamente se produjo una fuerte caída en las reservas internacionales, contracción de la economía, todo lo cual afectó al mercado bancario en un porcentaje del 40% debido a la fuerte liquidación de pasivos[26]. Entre estas dos crisis hubo varias quiebras individuales de bancos que en su momento fueron importantes en cuanto al volumen de captaciones. El balance final de ésta crisis fue de 2 instituciones intervenidas, el Banco Táchira y el De Fomento Comercial de Venezuela; 3 instituciones auxiliadas de manera directa, Banco Nacional de Descuento, Construcción y Comercial de Maracaibo, 16 instituciones utilizando operaciones de redescuento, como mecanismo de obtención de liquidez y un alto costo para la nación.

La segunda crisis bancaria a nivel nacional, se produce a partir de enero de 1994, luego de que el Banco Latino, segundo banco comercial de la época, saliera de la Cámara de Compensación, produciéndose luego, su intervención por parte del Consejo Superior de la Superintendencia de Bancos, quien decidió paralizar sus actividades y las correspondientes a las empresas relacionadas.

---

de las personas en la organización y debe existir una reglamentación interna que establezca la fijación de rigurosos límites al personal.

26 GUILLEN, Ruth: *Consideraciones preliminares de la gestión del riesgo en el sistema bancario – el caso de las crisis bancarias en Venezuela.*

En Venezuela, las causas de la severa crisis de 1994 son el resultado del amalgamiento y conjunción de los desaciertos e incongruencias de la política macroeconómica de por lo menos los 15 años anteriores, aunado ello a sistemas y mecanismos de supervisión desfasados y un marco legal restrictivo para el ejercicio de una supervisión eficaz, así como la insuficiencia y minusvalía operativa y estructural del organismo supervisor, la SUDEBAN, potenciado todos estos factores por el deterioro moral de un sector importante de la Alta Gerencia de múltiples bancos, que acudieron a la ingeniería financiera y a la contabilidad creativa para abrirse camino libre hacia los autopréstamos, los negocios altamente especulativos, la compra de activos inmobiliarios mediante empresas relacionadas o vinculadas y cuyos accionistas eran los mismo directivos que aprobaban los préstamos a dichas empresas.

Ya se había producido una advertencia de tales desfases, incongruencias y desaciertos con la crisis de los años 80, en la cual resultaron intervenidos y luego liquidados el Banco de los Trabajadores de Venezuela en 1982, el Banco de Comercio en 1985 y el Banco Nacional de Descuento en 1986.

Luego sobrevino la crisis de 1994-1995, durante la cual el monto de los auxilios financieros entregados por el gobierno a las instituciones afectadas alcanzó, a mediados de junio de 1994, a más de 6.600 millones de dólares, equivalentes a una décima parte del producto interno bruto venezolano para ese año.

En enero de 1994 se produce la intervención y cierre del Banco Latino, con pérdidas estimadas para ese momento de 321.000 millones de bolívares, en lo que ha dado por llamarse la primera fase de la crisis sistémica.

Ya en curso la segunda fase, la cual se ubica entre febrero y junio de 1994, se aprueba aceleradamente por el Parlamento la Ley de Protección a los Depositantes y Regulación de las Emergencias Financieras el 10 de marzo de ese año, la cual, si bien fortaleció el marco legal dentro del cual debían moverse las autoridades, propició también la pérdida de miles de millones otorgados en auxilios financieros a instituciones ya irreversiblemente insolventes e impotentes y además dedicó parte de su tejido normativo a insistir en la rehabilitación del Banco Latino, sin considerar otras opciones distintas al pago de las deudas del Latino con sus ilegales y fraudulentamente constituidas empresas relacionadas[27].

En esta segunda fase u ola como también se la llama, son intervenidos los grupos financieros del Banco de Maracaibo a la cabeza; el Grupo Amazonas liderado por el Banco Amazonas; el Grupo Barinas junto a su Banco Barinas; el Grupo Construcción liderado por el Banco Construcción, el Banco La Guaira y la Sociedad Financiera FIVECA. Nos referimos a grupos financieros porque junto a sus bancos comerciales fueron intervenidas otras instituciones financieras relacionadas a ellos y numerosas empresas relacionadas. Las intervenciones de tales instituciones financieras fueron todas a puertas cerradas.

Vigente ya la Ley de Protección a los Depositantes empezó un proceso o, mejor dicho, una política laxa de otorgamiento de auxilios financieros dirigidos fundamentalmente a cubrir la garantía de los depósitos del público y las exigencias de liquidez en caja de los bancos en crisis. Estos auxilios adoptaron la forma de anticipos suministrados por el BANCO CENTRAL DE VENEZUELA a FOGADE y éste organismo asegurador los transfería directamente a los bancos auxiliados según las necesidades de liquidez que los bancos fueran comunicando a FOGADE día a día, mientras que paralelamente se suscribían unos contratos de auxilios financieros en los que quedaban documentados los préstamos y los activos que los bancos auxiliados debieron dar en garantía. Al corto plazo estos contratos resultaron inejecutables e inútiles por diversas razones: Los activos no eran propiedad de los bancos que los habían ofrecido como garantía, de manera que estos no tenían el poder de disposición para gravar esos activos; los activos estaban sobrevaluados a los efectos de cubrir el

---

27 Diversos estudiosos, como FARACO, SUPRANI y CRAZUT critican justificadamente la Ley de Protección a los Depositantes y de Regulación de las Emergencias Financieras por una parte, por haber habilitado el otorgamiento de auxilios financieros por parte de FOGADE y a cargo de recursos provenientes del BCV, de manera prácticamente ilimitada; y por la otra por su regulación de la situación del Banco Latino, convalidando la decisión política de rehabilitarlo sin haber considerado ni definido criterios y posibilidades reales de viabilidad y, de manera fundamental, en palabras de CRAZUT, "*...porque se le concedió la Junta Interventora del Banco Latino, previa la opinión favorable de FOGADE y de la SUPERINTENDENCIA DE BANCOS, la más alta discrecionalidad para reconocer total o parcialmente obligaciones del Banco con sus empresas relacionadas, lo que permitió destinar parte de la asistencia financiera a cancelar pasivos ilegalmente contraídos.*" CRAZUT, Ramón, *La Legislación Financiera Venezolana...*p. 164.

monto de los auxilios; en muchos casos los activos no existían o habían sido ya traspasados a un tercero, o estaba deteriorados etc.

A mayor complejidad, un grupo de abogados encabezados por Muci Abraham introducen una demanda de nulidad por inconstitucionalidad contra la Ley Especial de Protección a los Depositantes el 13 de abril de 1994, impugnando los artículos 18, 21 y 31, aparte único, y 33 de dicha Ley, y contra la regulación contenida en la Resolución N° 031-94 emanada de la Superintendencia de Bancos y otras Instituciones Financieras en fecha 23 de marzo de 1994[28]. El grueso del recurso en realidad se dirigía a lograr la nulidad de la Resolución 031-94 mediante la cual y habilitada por la Ley de Protección a los Depositantes, la SUDEBAN había solicitado una Declaración Jurada de Patrimonio a los administradores y accionistas bancarios para luego de los debidos procesos que declarasen su responsabilidad patrimonial en la crisis de las instituciones que dirigían, si estas llegaban a ser intervenidas o liquidadas por causas irregulares en su administración, aplicar tales activos a cubrir los daños y perjuicios ocasionados por conductas y actuaciones en la mayor parte de los casos fraudulentas, incluyendo el valor insuficiente de los activos sobrevaluados que habían dado en garantía de los auxilio financieros recibidos[29]o liquidar tales activos para poder pagar a los depositantes.

La Ley de Protección a los Depositantes, en su artículo 31, único aparte estableció que:

---

[28] G. O. N° 35.435 del 7 de abril de 1994.

[29] Las representaciones judiciales de los administradores bancarios que se negaban a suministrar la Declaración Jurada de Patrimonio a la SUDEBAN alegaban fundamentalmente la violación de los derechos constitucionales a la intimidad y a la vida privada e igualmente adujeron la inutilidad de tal declaración y la discriminación inconstitucional de que se les hacía objeto al solicitárseles tal información. En tanto la totalidad de los alegatos esgrimidos por los representantes judiciales giraron en torno a estas supuesta violaciones, véase por todos ellos el siguiente estudio que contiene una versión ampliada del escrito que el autor presentase ante la antigua Corte Suprema de Justicia en representación de la Alta Gerencia de una institución financiera: BREWER CARIAS, Allan (1994): *Consideraciones sobre el derecho a la vida privada y la intimidad económica y a su protección*. Separata del libro "*La Corte y el Sistema Interamericanos de Derechos Humanos*" Rafael Nieto Navia, Editor Edición conmemorativa de los quince años de la instalación de la Corte Interamericana de Derechos Humanos, de los veinticinco de la firma del Pacto de San José de Costa Rica y de los treinta y cinco de la creación de la Comisión Interamericana de Derechos Humanos. San José, C.K, Corte IDH.

... Es requisito para desempeñarse como miembro de las juntas directivas de los bancos y otras instituciones financieras, administradores, auditores externos, comisarios e interventores financieros, presentar ante la Superintendencia de Bancos y otras Instituciones Financieras, en los términos y plazos que ésta establezca, una declaración jurada de patrimonio.

A tal efecto, la Superintendencia de Bancos dictó la Resolución N. 031-94 de 23de marzo de 1994 estableciendo los términos que debía contener dicha declaración jurada de patrimonio, y un plazo de 90 días a partir de su publicación para ser presentada[30].

Fueron interpuestas 40 acciones de amparo y 10 recursos de inconstitucionalidad contra la Resolución 031-94, derogada por la Resolución Nº 078-94 dictada por la Superintendencia de Bancos y otras Instituciones Financieras en fecha 22 de junio de 1994[31], la cual mantuvo la exigencia de la Declaración Jurada de Patrimonio, regulando su contenido y las condiciones a cumplir.

En poco menos de dos meses, fueron presentadas todas las acciones judiciales por administradores bancarios de diversas instituciones[32]. Ante ellas, la SUDEBAN ejerció una fuerte e indeclinable oposición y defensa de la perfecta constitucionalidad de la exigencia de la Declaración Jurada de Patrimonio y de su necesidad para cubrir el enorme desfalco y fraude financiero y contable que un sector de la banca venezolana había montado y sostenido para desviar y apropiarse de los ahorros de los depositantes e inclusive de la mayor parte de los auxilios financieros que luego grotescamente solicitaron y que les fueron concedidos; y para resarcir a los depositantes y trabajadores de las instituciones defraudadas.

Esa defensa frontal y que marchaba captando cada vez más adeptos y apoyos en la sociedad venezolana, fue repentinamente traicionada por el Parlamento Venezolano, el cual sin esperar las decisiones judiciales de los amparos constitucionales, decidió derogar

---

30 G. O. Nº 35.435 de 7 de abril de 1994.

31 G. O. Nº 35.493 del 7 de abril de 1994.

32 Se dio la curiosa circunstancia que los bancos extranjeros que operaban en Venezuela para la época, entendieron la obligación de presentar la declaración jurada de patrimonio por sus administradores como no lesiva a sus derechos y como parte de las exigencias legales legítimas del sector bancario. Así, el CitiBank fue modélico a la hora de presentar sus declaraciones.

la Ley de Protección a los Depositantes y dejar en el aire a la SUDEBAN.

Siendo el fundamento de ambas resoluciones y de la declaración jurada de Patrimonio allí solicitada, la Ley Especial de Protección de los Depositantes y de Regulación de Emergencia en las Instituciones Financieras, aprobada el 8 de marzo de 1994 y publicada en la Gaceta Oficial de la República de Venezuela N° 35.418 de fecha 10 de marzo de ese mismo año, sin embargo, en fecha 1° de diciembre de 1995 se publicó en la Gaceta Oficial de la República de Venezuela N° 35.850 el texto de la Ley de Regulación de la Emergencia Financiera, en cuyo artículo 77 se derogó expresamente la Ley Especial de Protección a los Depositantes y de Regulación de Emergencias en las Instituciones Financieras y se eliminó u obvió toda referencia a la Declaración Jurada de Patrimonio, con lo cual la Resolución 078-94 quedo de manera sobrevenida sin base legal.

Posteriormente, en fecha 17 de abril de 1996 fue publicada la Ley de Regulación de la Emergencia Financiera, cuyo artículo 78 —nuevamente— en forma expresa dispuso que derogaba la Ley Especial de Protección a los Depositantes y de Regulación de Emergencias en las Instituciones Financieras, contra la cual los se había interpuesto el amparo constitucional identificado supra[33].

En fecha 12 de enero de 2000 fue dictado el Decreto con Fuerza y Rango de Ley N° 359 dictado por el Presidente de la República en fecha 5 de octubre de 1999, contentivo de la Ley de Regulación Financiera[34], instrumento normativo dictado en uso de las facultades que le confería la norma contenida en el ordinal 8° del artículo 190, de la Constitución de 1961 en concordancia con lo dispuesto en el literal d, numeral 2, del artículo 1° de la Ley Orgánica que Autoriza al Presidente para dictar Medidas Extraordinarias en Materia Económica y Financiera requeridas por el Interés Público, de fecha 26 de abril de 1999[35].

Esta Ley de Regulación Financiera publicada el 12 de enero de 2000, en su artículo 73 vuelve a declarar derogada a la Ley Especial de Protección a los Depositantes y de Regulación de Emergencias en las

---

[33] G. O. N° 35.941 de 17/04/1996.
[34] G. O. N° 36.868 de 12/01/2000.
[35] G. O. N° 36.687 de 26/04/1996.

Instituciones Financieras, a pesar de que tal derogatoria se encontraba contenida en las referidas Leyes de Regulación de Emergencia Financiera. Con ello se dejó sin sustento normativo las dos resoluciones exigiendo la Declaración Jurada de Patrimonio a los administradores bancarios.

Buscando ampliar el marco normativo que permitiera al Estado la actuación más eficiente posible en la solución de la crisis financiera que ya se sabía sistémica ,el Presidente de la República en Consejo de Ministros y en ejercicio de la facultad que le confería el ordinal 6° del artículo 190 de la Constitución de la República, y de conformidad con lo establecido en el artículo 241 ejusdem de la Constitución de 1961 dictó el Decreto N.241 de fecha 27 de junio de 1994, mediante el cual se suspendieron las siguientes garantías constitucionales[36] en todo el territorio nacional: la garantía a no ser detenido sin dar cumplimiento previamente a las formalidades establecidas en la Ley prevista en el artículo 60, ordinal 1° constitucional; la garantía de la inviolabilidad del hogar, consagrada en el artículo 62 constitucional; la garantía al libre tránsito por el territorio nacional, prevista en el artículo 64 ; la garantía que protege el derecho a la libertad económica, consagrada en el artículo 96; la garantía del derecho a la propiedad privada, acogida por el artículo 99 y finalmente, la garantía a no ser expropiado

---

36 Ya el 26/02/1994 se había dictado el Decreto N° 51 suspendiendo la garantía establecida en el artículo 96 de la Constitución, justificando tal suspensión en los problemas del sistema económico y financiero y las tendencias especulativas que podían trastocar el orden público y social. En esta ocasión el Presidente de la República en Consejo de Ministros, no restringió la garantía como había ocurrido en 1961, sino que la suspendió, y con base en esa suspensión se dictaron Decretos-Leyes relativos a controles de precios y a la atención de la emergencia financiera derivada de la crisis bancaria.
La suspensión de la garantía a la libertad económica goza de antigua y prolongada tradición suspensiva en nuestro ordenamiento jurídico. Así, BREWER CARIAS ha precisado las etapas que corresponden a su evolución en el orden constitucional: la primera; característica del Estado liberal (1808-1909); la segunda, insertada también en el Estado liberal, pero en la que se aceptan las limitaciones a la libertad económica, en salvaguarda del orden público (1909-1947); la tercera, en la que las limitaciones a la libertad económica se amplían, en correspondencia a la mayor intervención pública en la economía (1947-1961) y la última, en la que dicha libertad aparece limitada, fundamentalmente, por razones de interés social (1961-1999) Véase: "El derecho de propiedad y la libertad económica. Evolución y situación actual en Venezuela", cit., p. 1200. Citado por HERNANDEZ, José Ignacio (2010): *Intervención económica y liberalización de servicios esenciales en Venezuela*. Revista de Derecho Administrativo n. 10, Caracas, pp. 64, 65.La garantía a la libertad económica estuvo suspendida por más de 40 años, hasta que fue restablecida el 4 de julio de 1991, mediante el Decreto N° 1724 publicado en la Gaceta Oficial N° 34.752 del 10 de julio de 1991, "por considerar que cesaron las causas que motivaron la restricción".

sin que medie sentencia firme y pago de justa indemnización, establecida en el artículo 101.

El 21 de julio de 1994, el Congreso de la República, acordó restituir todas las garantías suspendidas por el Decreto 241, salvo la garantía contenida en el artículo 96 de la Constitución, restitución fundada en el argumento asumido por el Parlamento que no existían razones que justificaran mantener suspendidas tales garantías.

El 22 de julio de 1994, el Presidente de la República en Consejo de Ministros, en uso de la facultad que le confiere el ordinal 6° del artículo 190 de la Constitución de la República, y de conformidad con lo establecido en el artículo 241 ejusdem, procedió a dictar el Decreto N° 285, por medio del cual suspendió las mismas garantías constitucionales que constituyeron objeto del Decreto N° 241, salvo la garantía a la libertad económica consagrada en el artículo 96 de la Constitución, la cual había sido mantenida suspendida por el Congreso de la República.

Llegó entonces la tercera ola o tercera fase de la crisis bancaria a mediados de 1994, y fueron intervenidos el Grupo Financiero Latinoamericano, cuya cabeza visible era el Banco Progreso, casi inmediatamente de recibir enorme recursos por vía de los auxilios financieros; el Banco de Venezuela el 09 de agosto y el Banco Consolidado el 11 de septiembre, fueron estatizados.

En el caso del Banco Consolidado, esta institución desvió y captó sumas significativas de depósitos para sus filiales off shore, los Bancos Consolidado NV Aruba y NV Curazao, e igualmente lo había hecho el Banco Progreso de Puerto Rico, la filial off shore del Grupo Latinoamericana-Progreso.

Con los bancos Consolidado y Venezuela las autoridades sectoriales bancarias ensayaron una nueva estrategia distinta a la mera intervención a puertas cerradas, la cual provocaba pánico sistémico y ya se encontraba marcada como un indicador de la muerte de la institución. Esta nueva estrategia consistió en estatizar, es decir en la adquisición inicial de la casi totalidad de las acciones de la institución, para luego FOGADE proceder a recapitalizarlas. Las acciones fueron adquiridas por el valor simbólico de Bs. 1.

La cuarta fase se produjo cerrando 1994, es decir, en el último trimestre del año, y en ella fueron intervenidos los Bancos Italo y el Banco Principal, los cuales acumulaban pérdidas por aproximadamente 68.000 millones de bolívares.

La quinta fase se produjo iniciándose 1995, con la intervención de los Bancos Andino y Empresarial, con pérdidas estimadas acumuladas de aproximadamente 7000 millones de bolívares.

Al final de la crisis, el BCV había transferido a FOGADE, vía anticipos, la cantidad de 798.697 millones, más los 600.000 millones de asistencia que el Gobierno Nacional había suministrado mediante la emisión de Bonos de la Deuda Pública Nacional —Bonos DPN— en 1994 y 1996, todo lo cual suma la cantidad aproximada de 1.4 billones de bolívares, monto superior al presupuesto nacional de ese año y al cual deben agregarse los intereses para el cálculo final de la cantidades comprometidas.

Al final, los bancos afectados por la crisis que explotó en 1994 fueron:

Banco Latino

Banco Progreso (anteriormente Banco Zulia)

Banco Principal (anteriormente Banco Principal de los Llanos)

Banco Italo Venezolano

Banco Profesional

Banco Amazonas (anteriormente Banco Insular)

Bancor

Banco Barinas

Banco La Guaira (anteriormente Banco La Guaira Internacional)

Banco de Maracaibo

Banco Metropolitano

Banco Construcción (anteriormente Banco de la Construcción y de Oriente)

Sociedad Financiera Fiveca

Sociedad Financiera Confinanzas

Sociedad Financiera Cremerca

Banco Consolidado

Banco de Venezuela

La mayor parte de estos bancos fueron intervenidos a puertas cerradas y luego liquidados junto a los grupos financieros de los que formaban parte y junto a un grupo numerosísimo de empresas relacionadas a ellos que habían sido constituidas utilizando la "ingeniería financiera" para que estas no resultaran subsumible en los supuestos previstos en la LGBIF vigente para la época que permitían declararlas como "relacionadas" y por tanto parte del grupo financiero y bajo supervisión de la SUDEBAN. El Organismo Supervisor logró desmontar tal velo corporativo y supo encontrar pruebas e indicios de la relación o unidad de decisión o gestión entre los bancos intervenidos y estas empresas, las cuales en muchos casos poseían activos comprados con préstamos impagados al Banco o fungían de vehículos de triangulación para operaciones ilegítimas.

Tras superar la crisis, los bancos Venezuela y Consolidado fueron adquiridos por grupos financieros extranjeros, específicamente por el Grupo Santander de España y Corp Group de Chile, respectivamente. En el caso del Banco Latino, este fue comprado y absorbido en 1995 por Banesco. Otro banco afectado por la crisis fue el Banco Unión, pero logra superar la crisis y en el año 2000 es adquirido por Caja Familia Entidad de Ahorro y Préstamo; de cuya fusión surge Unibanca en 2001 y finalmente en 2002 se fusiona definitivamente con Banesco.

Si hubieran de precisarse las causas de la crisis del Sistema Bancario Venezolano que comenzó en 1994, podrían inventariarse en resumen y en términos generales a los efectos de este estudio, como siguen.

La causa fundamental de la crisis se debió a la transformación descontrolada y desfasada jurídicamente que experimentó el sector bancario debido al entorno macroeconómico y regulatorio, y a una severa degradación ética y moral de las Altas Gerencias que los administraban.

Hasta mediados de la década de los ochenta, el sistema financiero presentaba una situación de control total en las operaciones reguladas y permitidas por el marco legal de manera taxativa, normativa que regulaba además la participación de las instituciones financieras en los diversos mercados, y los costos, al estar facultado el BANCO CENTRAL DE VENEZUELA para la fijación máxima y mínima de las tasas activas y pasivas, generando así un mercado poco competitivo, poco eficiente y con altos costos operativos.

Esta compresión o restricción del sector financiero dio lugar a un crecimiento y una ramificación de los bancos comerciales a través de subsidiarias y filiales, agrupadas normalmente bajo la figura jurídica del holding, que evolucionaría hacia la noción de grupo financiero, figura esta para la cual la legislación bancaria vigente y las normas prudenciales en la década de los 80 no contemplaban formas globales o consolidadas de control y ni siquiera de supervisión de aquellas empresas no financieras.

Fue así como el conjunto de los grupos financieros existentes para la década de los 90, conformados de hecho y no tutelados prudencialmente por la autoridad supervisora, llegaron a sumar hasta 600 empresas o sociedades no financieras relacionadas y cuyos accionistas mayoritarios eran los propio administradores o accionistas de las instituciones financieras, y las cuales recibieron préstamos de altos montos, sin garantía o con garantías insuficientes pero sobrevaloradas contablemente, o fueron agentes de operaciones sin retorno con el dinero de los depositantes por vía de las famosas mesas de dinero o de la banca off shore[37] y, en general por una diversidad de operaciones* fuera de balance[38].

---

37 EL sobredimensionamiento de las operaciones off shore de los grupos financieros y la captación y desviación fraudulentas de depósitos a los bancos off shore de estos grupos fue una de las causas de la crisis financiera de 1994.Caso prototípico fue el del Banco Consolidado NV Curazao. Dicha sucursal off shore del Banco Consolidado C.A recibió depósitos en dólares captados en las agencias del Banco Consolidado C.A en toda Venezuela y por otras empresas financieras del Grupo Consolidado radicadas todas en Venezuela. En oportunidad de entregar y colocar su dinero en divisas en el Banco Consolidado C.A, cada uno de los depositantes recibió un título denominado "Certificado de Depósito a Plazo", expedido por el Banco Consolidado, C.A. o por algunas de las instituciones financieras relacionadas con el GRUPO FINANCIERO CONSOLIDADO, y firmado por el personal gerencial de dichas instituciones, certificados en los cuales se identificaron las agencias del banco o grupo que captó el depósito, las condiciones de inversión ofrecidas por el Banco Consolidado, C.A. o por la respectiva institución financiera relacionada o vinculada a este, el plazo para el cumplimiento de la obligación de restitución y la autorización específica para que la devolución en bolívares fuese depositada o transferida a la cuenta bancaria que en el propio Grupo Financiero Consolidado dispusiera el depositante.

* El 13 de septiembre de 1994, el Banco Consolidado, .C.A y todas sus empresas filiales, relacionadas quedaron bajo el control administrativo del Estado Venezolano , por decisión de la Junta de Emergencia Financiera, organismo rector del Sistema Financiero mientras durase

En 1989 el Gobierno como parte de los ajustes macroeconómicos implementados* por acuerdo con el FMI comenzó a aplicar

---

la emergencia financiera, Junta creada mediante Decreto Ejecutivo n. 248 del 29 de junio de 1994.

38 Según la terminología tanto de BASILEA I como de BASILEA II, las operaciones o cuentas fuera de balance son aquellas cuentas destinadas a la contabilización de operaciones de la EIF—Entidades de Intermediación Financiera— con terceros, que por su naturaleza no integran los Estados Financieros de la entidad, ni afectan sus resultados. Son cuentas destinadas para el control interno de la EIF o Entidad de Intermediación Financiera. En términos bancarios, las operaciones fuera de balance se encuentran constituidas por aquellos compromisos o contratos contingentes capaces de generar una ganancia para el banco, pero que según las convenciones contables o las normas de contabilidad generalmente aceptadas, no figuran como activos ni pasivos en el balance patrimonial y que, sin embargo, por el cumplimiento de una condición, el transcurso de un plazo o el acaecimiento del riesgo, pueden comprometer la estabilidad patrimonial de la institución.

Dentro de las Operaciones Fuera de Balance se distinguen principalmente cuatro categorías:

a) Constitución de fondos de inversión o fondos comunes de Valores, como ejemplo más característico de las llamadas operaciones de gestión y distribución de Activos Financieros.
b) Avales, fianzas y boletas de Garantía, como parte de la actividad tradicional en Operaciones Fuera de Balance.
c) Disponibilidades por terceros, representados principalmente por las Líneas de Crédito.
d) Operaciones en Derivados, como parte de las estrategias para cobertura de Riesgos de una EIF

* En virtud de la transferencia de la titularidad patrimonial causada por la medida de estatificación impuesta al Banco Consolidado, C.A., y a las instituciones financieras en las que este tiene participación accionarial mayoritaria, el Estado Venezolano pasó a ser el accionista mayoritario de tales instituciones financieras, grupo que luego sería nuevamente privatizado en favor de un grupo financiero Chileno.

La Junta de Emergencia Financiera, mediante declaración oficial publicada en la prensa, y transmitida por los medios de comunicación social, en la misma fecha de la estatificación, notifico públicamente a los depositantes-acreedores que el Banco Consolidado, C.A., y sus empresas filiales seguirían operando normalmente, tal y como había sucedido previamente con la estatificación del Banco de Venezuela, C.A.

Ahora bien, en oportunidad de presentarse los depositantes a recibir las cantidades de dinero depositadas en el Banco Consolidado, C.A., y documentadas en los certificados de depósito a plazos, emitidos por las instituciones financieras y empresas del Grupo Consolidado, la Junta Administradora del Banco Consolidado, C.A., siguiendo instrucciones de la Junta de Emergencia Financiera, declaro que el Banco Consolidado, N.V. Curazao, no tenía ninguna relación de ningún tipo con el Banco Consolidado, C.A., y que no tenían en consecuencia ninguna obligación de reembolso de esos depósitos captados en sus plazas y documentados en su papelería, con lo cual los depositantes quedaron a merced de las autoridades de las Antillas Neerlandesas.

El desconocimiento de las responsabilidades del Banco Consolidado, C.A., y de sus empresas financieras filiales fue avalado por el Estado Venezolano, por órgano de su Junta de Emergencia Financiera, llamando la atención que la propia Junta Administradora del Banco Consolidado, C.A., designada con ocasión a su estatificación, reconociera que si existía responsabilidad, según una comunicación de fecha 20 de diciembre de 1994 dirigida a la Superintendencia de Bancos, y en la cual, refiriéndose a los depositantes off shore expresaba que *"es altamente previsible que los depositantes demanden al Banco Consolidado, C.A., el pago de sus depósitos, con las consecuencias negativas de opinión pública, respecto de la imagen del Banco, que*

conjuntamente con el BCV una política de liberalización de tasas, operaciones financieras y operaciones cambiarias, con el objeto de estimular la competencia entre las instituciones financieras[39].

En el período 1989-1993* se produjo una política de desregulación y de liberalización de las tasas de interés en el mercado financiero,

---

pudieran ser muy graves y pondrían en peligro el plan de recuperación del instituto. También es previsible que tales demandas tengan éxito...

39 Siguiendo el diagnóstico y el recuento nutrido que hace LOPEZ MAYA en torno al ambiente macroeconómico y social que vivía Venezuela para la década de los 70, hay que decir que las políticas de ajuste macroeconómico de influencia doctrinaria neoliberal venían intentando aplicarse desde el gobierno de Luis Herrera Campíns (1979-1984), quedando signados por su corta duración La investigadora califica a los primeros intentos como de inconsistentes , es decir, a los representados por los programas de los Presidentes Herrera Campíns y Lusinchi; y los de los Presidentes Pérez y Caldera más consistentes y sostenidos, pero enfrentados a una fuerte resistencia popular . Señala la destacada investigadora que esta sucesión de intentos fallidos de ajustes provocó un fenómeno social catalogado como una sociedad con fatiga de ajuste, entendiendo por tal a una sociedad que, por lo reiterado de los intentos fallidos, pierde confianza en la capacidad de ese proyecto para superar la crisis (Smith y Korzeniewicz, 1997). Reseña LOPEZ MAYA: "Los indicadores macroeconómicos con los cuales terminaba la gestión de Lusinchi y comenzaba la del Presidente Perez fueron tan alarmantes que hacían inevitable la necesidad de introducir cambios sustanciales en la orientación económica del gobierno. La inflación llegó a alcanzar cifras históricas de 28,08% y 29,46% en 1987 y 1988 respectivamente (IESA, 1999); las reservas internacionales cayeron a 6.555 millones de dólares al cierre del año 1988 (IESA, 1999); y el déficit fiscal global en el momento del cambio de gobierno representaba el 15,1% del PIB (Cordiplan, 1984: pp. 160-161). La nueva orientación por la cual opta el gobierno sí puede catalogarse como un programa de ajuste de naturaleza ortodoxa. Es resultado de un compromiso formal con el Fondo Monetario Internacional, y cumple con todos sus requerimientos. El programa de ajuste macroeconómico del gobierno de Pérez se resume fundamentalmente en la Carta de Intención firmada por éste con el FMI en Washington, el 28 de febrero de 1989. Los contenidos principales de estas políticas fueron: a) restricción del gasto fiscal; b) restricción de los niveles salariales; c) unificación del régimen cambiario con paridad unitaria y flotante; d) tasas de interés flexibles y aumento inmediato de los niveles de las tasas de interés reguladas, eliminación de los créditos a tasas preferenciales para la agricultura, establecimiento de las tasas de interés por el mercado tan pronto como fuera posible; e) reducción de los controles de precios; f) postergación de programas de inversión de baja prioridad; g) reducción de los subsidios; h) introducción de un impuesto sobre la venta; i) ajuste de las tarifas de los bienes y servicios provistos por empresas estatales, incluyendo los precios de los productos petroleros en el mercado interno; j) reforma en el régimen comercial, incluyendo la eliminación de la mayor parte de las excepciones en las tarifas y liberalización de las importaciones; k) levantamiento de las restricciones de las transacciones internacionales, incluyendo la inversión extranjera y la repatriación de dividendos. Adicionalmente, y para compensar los efectos negativos sobre los sectores populares, fueron anunciadas como políticas sociales: a) política de subsidios directos a los componentes de la canasta básica; b) programa de becas alimentarias; 237 Margarita López Maya y Luis E. Lander El ajuste estructural en América Latina c) constitución de 42.000 hogares de cuidado diario; d) reforzamiento de programas de control del lactante y del pre-escolar; combate de las enfermedades diarreicas, las respiratorias y las prevenibles por vacunas; e) plan de consolidación de barrios; f) política de apoyo a microempresas; g) programa masivo de transferencias alimentarias dirigido a los niños de hasta 14 años, a las madres embarazadas y a las lactantes; h) amplia acción dedicada a consolidar los

como parte de los "paquetes"* de medidas económicas pactadas con el FMI, contribuyendo a generar una intensificación de la competencia

---

ambulatorios de salud; i) programa destinado a la organización y estructuración de un sistema de seguridad social; j) creación de la Comisión Presidencial para la Lucha contra la Pobreza (López Maya, 1998 [a]: p. 289). Estas medidas no fueron sometidas a la consulta del Congreso Nacional, ni conocidas por la opinión pública sino hasta después de firmada la Carta. En contraste con la experiencia vivida durante el gobierno de Lusinchi, durante el gobierno de Pérez hubo armonía entre las medidas de ajuste macroeconómico contenidas en la Carta de Intención, y las políticas tendientes a la búsqueda de una reestructuración de la economía concretadas en los seis "Lineamientos" del VIII Plan de la Nación, llamado también "El Gran Viraje". En este último se estableció un "hexágono estratégico" constituido por: a) crecimiento sin inflación; b) competitividad internacional; c) conservación de los recursos naturales; d) cambio institucional; e) capitalización de los recursos humanos; f) compromiso social. A través de estas orientaciones se persiguieron los siguientes objetivos: la disminución de la intervención estatal y del peso del Estado en la economía; aminorar la dependencia de la economía venezolana del petróleo; lograr un crecimiento económico sostenido sin inflación; privilegiar la industrialización para la exportación; aumentar la productividad del trabajo; aumentar el gasto social y erradicar la pobreza extrema; mejorar la distribución de la riqueza; democratizar la propiedad y la gerencia; transferir propiedades a formas asociativas laborales; profundizar el sistema democrático. Este paquete desencadenó la más vasta, enconada, en muchos momentos violenta, resistencia de la población venezolana. Entre los episodios más destacados del rechazo a estas políticas de ajuste estuvieron el Sacudón o Caracazo de febrero y marzo de 1989, y los fracasados golpes militares de estado del año 1992, detonantes de una crisis política que culminaría con la destitución del presidente Pérez y el establecimiento de un gobierno de emergencia para finalizar el período gubernamental. Con los golpes de estado, las políticas de ajuste y reestructuración económica perdieron su empuje y coherencia a partir de 1992. Fueron políticamente derrotadas".

Ya en el período constitucional del Presidente Caldera, este se vio forzado en 1996, a buscar el auxilio del FMI, con lo cual se vio obligado a aplicar el otro paquete de ajustes, al cual se le denominó "Agenda Venezuela". Expone LOPEZ MAYA: "La Agenda Venezuela buscó superar, como lo hizo el paquete de Pérez en su momento, una crisis coyuntural, en este caso bancario-financiera, y comenzar a echar las bases de una economía abierta de mercado. Si bien las políticas sociales contenidas en la Agenda se presentan de manera más elaborada y cuidada que en el Gran Viraje de Pérez, dándoseles más relevancia que en él, la implementación de ambos significó para el país la aplicación previa de un programa de ajuste macroeconómico bastante similar. Las medidas tomadas a partir del mes de abril de 1996 fueron: a) aumento del precio de la gasolina y demás derivados de los hidrocarburos en el mercado interno; b) liberación de las tarifas de los servicios públicos; c) liberación plena del sistema de control de cambios, con la consiguiente devaluación del bolívar; d) incremento de las tasas de interés; e) aumento del porcentaje a pagar por el impuesto a las ventas; f) plan de privatización de empresas públicas; g) liberación de todos los controles de precios, quedando sólo controlados los precios de cinco artículos esenciales de la dieta del venezolano; i) creación de un fondo para la protección del sistema bancario; j) inicio de la discusión para la reforma del sistema de prestaciones sociales; k) programas sociales focalizados para proteger a los sectores más vulnerables de la población (Quintero, 1998: pp. 322-323).

Además de este catálogo de medidas de ajuste para la reestructuración de la economía, el gobierno de Caldera presentó en la Agenda Venezuela las directrices de un conjunto de siete políticas que sin inventariadas por LOPEZ MAYA: para la política fiscal, la reducción y reasignación de los gastos del Estado, la creación del Fondo de Rescate y Pago de la Deuda Pública, y la reforma tributaria para elevar la recaudación interna; en política monetaria, la flexibilización progresiva de las tasas de interés y la sustitución de los Títulos de por captaciones en el sector financiero, con tasas de interés cada vez más altas. Ello derivó en un crecimiento acelerado inicial de los depósitos del público que, conjugado con una serie de limitaciones para desarrollar un volumen correspondiente de colocaciones, terminó produciendo un peligroso nivel de desintermediación financiera.

Por otra parte, como lo han señalado BARRIOS y DAZA[40], el BCV en su intento por atenuar una política fiscal expansiva y presiones de demanda sobre el mercado cambiario, recurrió progresivamente a una oferta de tasas de interés elevadas para sus propios títulos financieros, los bonos cero cupón (BCC). Esto redundó en una creciente presión al alza de las tasas de interés en toda la economía.

Asimismo, durante 1992-93 se fue registrando una significativa incertidumbre política y económica, que derivó en una reducción sostenida de la demanda de dinero, manifestada en cambios en la composición de las carteras de activos del público, desfavorable a tenencias en moneda doméstica. Desde mediados de 1993, algunas

---

Estabilización Monetaria (TEM); en política cambiaria, el levantamiento del control de cambio y la unificación del tipo de cambio y, una vez alcanzado el ajuste cambiario luego de la devaluación, el establecimiento de un régimen de bandas respaldado por las reservas internacionales y un conjunto de políticas de oferta; en política financiera se destaca la reforma institucional del régimen de prestaciones sociales para la creación de fondos de pensiones, que ensancharían el mercado de capitales en el país y la reconstrucción de la red de seguridad bancaria; en lo que se llamó política de oferta y competitividad, se presentaron orientaciones para el fortalecimiento institucional del sistema de industria y comercio con la creación, entre otros, de un ministerio coordinador del sistema, señalándose además guías para reimpulsar el proceso de industrialización en el país, como el estímulo a los llamados Grupos Líderes de Actividad y la relación de estos con la pequeña y mediana industria (PYME); en la política laboral y de empleo se reafirma la contratación colectiva como el instrumento más idóneo para la fijación de las remuneraciones, estimulándose la flexibilidad salarial, y se insiste en la promoción de la reforma al régimen de prestaciones sociales. Véanse: López Maya, Margarita y Lander, Luis E. (2001): Capítulo 10. Ajustes, costos sociales y la agenda de los pobres en Venezuela: 1984-1998; CLACSO, Consejo Latinoamericano de Ciencias Sociales, Salamanca, Luis (1999): "Protestas venezolanas en el segundo gobierno de Rafael Caldera: 1994-1997" en Margarita López Maya (ed.) Lucha Popular, Democracia, Neoliberalismo: Protesta Popular en América Latina en los Años de Ajuste (Caracas: Nueva Sociedad). Sanoja Hernández, Jesús (1998) Historia Electoral de Venezuela 1810-1998; Caracas: Los Libros de El Nacional. Smith, William C. y Roberto Patricio Korzeniewicz (1997): Politics, Social Change and Economic Restructuring in Latin America (Boulder: NorthSouth Center Press).

40 BARRIOS, Armando et al (2000): *Un Estudio Sobre la Autonomía Administrativa del Banco Central de Venezuela* Por Armando Barrios Ross *Abelardo Daza* *Centro de Políticas Públicas-IESA Septiembre.

instituciones bancarias comienzan también a recurrir crecientemente a cuantiosos anticipos y redescuentos del BCV para cubrir sus insuficiencias.

La desregulación en las operaciones bancarias y cambiarias y el excesivo gasto gubernamental crearon una excesiva masa de circulante que el BCV trató de frenar a través de una política de elevados encajes no remunerados y de otros instrumentos, mientras que paralelamente se fue desarrollando una banca informal caracterizada por las operaciones fuera de balance por vía de la banca off shore[41] y de las mesas de dinero.

---

[41] La banca off shore, en principio, forma parte del proceso evolutivo de internacionalización de la banca, internacionalización que se justificó desde hace varias décadas en diversas razones: la necesidad de reciclar los petrodólares, la conformación del mercado de eurodivisas o eurodólares, la necesidad de los bancos norteamericanos de tener presencia frente a sus clientes, sobre todo los multinacionales, el acceso a fondos en eurodivisas para compensar las deficiencias y carestías del ahorro interno, etc.

Esta evolución en la internacionalización de la banca tiene etapas y fórmulas técnicas de organización sucesivas muy bien diferenciadas, en atención de darle cada vez mayor agilidad y rentabilidad al mercado financiero internacional. Así las formas o modalidades que pueden implementar un banco para actuar en el mercado financiero internacional son las siguientes:

a. Sucursales bancarias: representadas por una oficina del mismo banco, instalada en el exterior, en orden a lo cual no es una persona jurídica distinta de la casa matriz. En muchos países no se permite su funcionamiento por tratarse de actividad de intermediación de banca extranjera. Pero en aquellos países en los cuales se permite, las sucursales se encuentran sometidas a un doble régimen de control: el del país en el cual se establecen y el del país donde reside la casa matriz, siendo por tanto sus operaciones no sólo mas personalizadas, sino, en principio, contando con el respaldo de la casa matriz.
b. Subsidiarias y afiliadas: El banco subsidiario es aquel poseído accionariamente en más de un 50% por un banco extranjero o casa matriz extranjera; si la participación es igual o menor al 50% a las acciones con poder de voto, ese banco es una filial. Las ventajas de un banco subsidiario o filial se encuentran en la multiplicación de las relaciones comerciales; muchas veces en costos más bajos de captación y el acceso directo al mercado de los operadores de exportación e importación, entre las más relevantes.
c. Bancos consorciados. Constituidos por aquellas instituciones bancarias en cuya participación accionaria intervienen diversos grupos o entidades financieras, o aquellos que forman parte de un pool de bancos operando conjuntamente con el objeto primordial de otorgar grandes créditos, cuyo riesgo individualmente asumido podría suponer una concentración inadmisible legalmente, o un monto que excede la capacidad crediticia del banco considerado individualmente. Estos bancos consorciados o la modalidad delos consorcios bancarios tienen la ventaja de limitar y prorratear el riesgo por los créditos entre los bancos consorciados en el pool o entre los accionistas del banco consorciado.
d. Banco off shore: son entidades financieras constituidas en centros financieros internacionales, cuyas operaciones son fundamental y mayoritariamente con extranjeros y no con locales o residentes del lugar donde se constituye, por lo que los efectos de sus operaciones recaen en un país distinto a aquel en el cual se han constituido. Los clientes de un banco off shore normalmente persiguen escapar de un entorno fiscal estricto en sus países de origen y trasladar sus activos a los centros off shore que, además, fungen como

Sobre las primera, es decir, sobre las operaciones de la banca off shore la SUPERINTENDENCIA no tenía ningún control, ni experiencia probada ni capacidad legal de supervisión; y sobre las segundas, la supervisión de las operaciones de mesa de dinero era harto difícil porque las operaciones en mesa de dinero tienen una contabilidad separada de la de la institución financiera desde la cual opera; y los activos que respaldan las operaciones no aparecen en los balances ni dichas mesas se reflejan en la contabilidad, ni como activo, ni como pasivo, ni dentro de las cuentas de orden. Inclusive, en muchos casos, fueron instaladas clandestinamente en lugares fuera de la sede y sucursales del banco.

La crisis política agravó la situación y al demorarse la reforma tributaria se comprometieron seriamente las cuentas fiscales, lo cual, aunado a una baja de los precios internacionales del petróleo, aceleró la inflación e hizo subir las tasas de interés para poder mantener tasas reales positivas.

Consecuencia de estos hechos y de una decidida mala gerencia bancaria y pública, la banca vio minimizado sus márgenes de ganancia, insuficientes para cubrir los costos operativos, lo cual impulso inversiones y operaciones imprudentes para generar altos ingresos extraordinarios con el objeto de cubrir la brecha operativa y generar ganancias.

A su vez, la proliferación de grupos financieros sin regulación ni control, facilitó un sistema bancario poco transparente donde los autopréstamos o de ultramar —banca off shore— y las autocarteras radicadas en empresas no financieras constituidas por los propios administradores para obtener dichos préstamos eludiendo las prohibiciones de la Ley[42], terminaron por desbordar la capacidad

---

paraísos fiscales, con bajas o nulas tasas de imposición, una muy laxa regulación supervisora.

[42] Caso emblemático de ingeniería financiera aplicada a la constitución de empresas que escaparan de los presupuestos normados en la LGBIF vigente para la época, lo constituyen las empresas vinculadas o relacionadas del Grupo Financiero del BANCO DE MARACAIBO. La Superintendencia de Bancos y otras Instituciones Financieras acordó su intervención mediante la Resolución Nro. 065—94 de fecha 14 de junio de 1994, en la cual se intervino al Instituto de Crédito Banco Maracaibo. S.A.C.A., como coordinador responsable del grupo Financiero Bancomara, y, por tanto, a las principales integrantes de dicho grupo, a saber: Sociedad Financiera de Maracaibo C.A. (SOFIMARA), Banco Hipotecario del Zulia, C.A., Arrendadora Maracaibo C.A. (ARRENDAMARA) y *"FONDO BANCOMARA, C.A."*. La intervención se declaró luego de que, dado los graves problemas de liquidez del Banco

financiera, patrimonial y operativa de las instituciones, donde muchos banqueros se convirtieron en verdaderos promotores inmobiliarios, turísticos, industriales, empresarios bursátiles[43].

La gestación y explosión de la crisis del Sistema Bancario evidenció también la postración técnica y legal en la que se encontraba la SUPERINTENDENCIA DE BANCOS, por la inexistencia de un marco legal que la dotara de sólidas facultades y potestades de alta y eficiente policía administrativa sectorial, con verdaderos poderes de disciplina y dirección y control del Sector, y específicamente la carencia de formas y habilitaciones legales para el ejercicio de una supervisión consolidada, lo cual impidió establecer oportunamente la calidad de los activos y pasivos mantenidos fuera de los balances

---

Maracaibo, S.A.C.A., La Institución bancaria solicitara y obtuviera auxilio financiero del Fondo de Garantía de Depósitos y Protección Bancaria (FOGADE) y llegó *para el 10 de junio de 1994 a CIENTO TREINTA Y DOS MIL OCHOCIENTOS MILLONES DE BOLÍVARES (Bs. 132.000.000.000,00)* (sic), *considerando no sólo los propios requerimientos del banco sino también los exigidos por las otras empresas del GRUPO BANCOMARA"*. Se celebraron sesenta y seis (66) contratos de auxilio financiero.

Posteriormente, mediante la Resolución Nro. 174-1.095 de fecha 26 de octubre de 1995, se acordó la liquidación administrativa del Banco Maracaibo, S.A.C.A. y de las demás instituciones financieras del grupo, se fundamentó —entre otros— en la situación de insolvencia grave reflejada en una pérdida patrimonial de doscientos dieciocho mil setecientos sesenta y tres millones de bolívares (Bs. 218.763.000.000,00), derivadas de activos irrecuperables y resultados negativos.

Los administradores de la institución Banco Maracaibo, S.A.C.A. incurrieron en diversas infracciones a la Ley General de Bancos y otras Instituciones Financieras al propiciar una elevada concentración crediticia en empresas relacionadas, de difícil recuperación, causando perjuicios significativos, no solo a sus depositantes y acreedores, sino a la estabilidad misma del sistema financiero nacional, en particular mediante la creación de empresas para rebasar los límites prohibitivos, al utilizarla como personas interpuestas en la adjudicación de créditos.

Los Administradores crearon más de trescientas (300) empresas beneficiarias de créditos sin garantías. De este total, ciento setenta y siete (177) empresas eran administradas por el Consorcio de Administración Maracaibo, C.A

Otro caso emblemático es el del GRUPO METROPOLITANO-CONFINANZAS-CREDITO URBANO, en fecha 14 de junio de 1994, la Superintendencia de Bancos y otras Instituciones Financieras en la Resolución N° 061-94, publicada en la Gaceta Oficial de la República de Venezuela N° 35.482 de fecha 14 de junio de 1994, acordó la intervención de las instituciones que conformaban el grupo financiero Metropolitano-CONFINANZAS-Crédito Urbano, dentro del cual se encontraba también CONFINANZAS BANCO HIPOTECARIO, C.A. De tal forma, la Junta de Emergencia Financiera en Resolución N° 172-1095 de fecha 26 de octubre de 1995, publicada en la Gaceta Oficial de la República de Venezuela N° 5.004 Extraordinaria, revocó la autorización de funcionamiento y, en consecuencia, acordó la liquidación administrativa de dicha institución.

43 NEGRÓN, Emilio (2000) *Instituciones Financieras*, Vadell Hermanos Editores, Caracas, pp 431 y ss.

ordinarios de comprobación o publicación presentados al público o consignados ante el órgano regulador.

Desatada ya la crisis, se crea entonces la JUNTA DE EMERGENCIA FINANCIERA mediante el Decreto N° 248 del 29 de junio de 1994[44], y posteriormente se dicta el Decreto N° 573 del 1° de marzo de 1995[45], en el que se fortalecieron las facultades de dicho órgano, para facilitar la adopción centralizada de políticas y medidas tendentes a restablecer la estabilidad del sistema financiero, para hacerle frente a la emergencia en curso del sector bancario en esa época.

En este marco de emergencia y en vista de que la inestabilidad del sistema bancario tenía efectos reflejos en el sistema financiero general, en otros campos de actividad económica y, sobre todo, involucraba los ahorros y depósitos de un porcentaje muy alto de la población, todo lo cual generó un clima que podía resultar propicio para la alteración de la paz social, por la inestabilidad en el mercado cambiario, la especulación y el acaparamiento, se dictaron entonces los Decretos Presidenciales Nos. 241, 242 y 243, todos del 17 de junio de 1994[46], cuyo objeto lo constituyó la suspensión de determinadas garantías constitucionales a las que ya hemos hechos referencia, la suspensión del comercio de divisas en el territorio nacional y, en defensa de los consumidores, la declaratoria de bienes y servicios que se considerarían de primera necesidad mientras estuvieran presentes las causas que provocaron esta decisión.

También fue dictado el controversial Decreto 278 de 13 de julio de 1994, cuyo objeto lo constituyó la regulación del proceso seguir para el aseguramiento de bienes de los bancos intervenidos.

Con ello, el propósito fue el de crear un ambiente de menor tensión, que permitiera mitigar los efectos de las irregularidades halladas en el sector bancario y financiero, rescatando la seguridad y confianza de los ahorristas, y procurando restablecer el normal funcionamiento del sistema bancario nacional.

---

44 Gaceta Oficial de la República de Venezuela N° 35.492 de 29/06/1994.

45 Gaceta Oficial de la República de Venezuela N° 35.666 del 7 de marzo de 1995.

46 Gaceta Oficial de la República de Venezuela N° 35.490 del 27 de junio de 1994.

CAPITULO II

INTERVENCIÓN DEL ESTADO EN LA RESOLUCIÓN DE LAS CRISIS BANCARIAS. TÍTULOS DE INTERVENCIÓN: LOS MECANISMOS DE RESOLUCIÓN

SUMARIO: II. Intervención del Estado en el manejo de las crisis bancarias. Títulos de intervención: Los Mecanismos de Resolución: 1. Objetivos que rigen el régimen jurídico-público de saneamiento: A. Protección de los depósitos y ahorros. B. Rescate y conservación de la empresa. C. Preservación de los principios del mercado. D. Negación de beneficios a los administradores y accionistas responsables. 2. Principios que rigen la selección e imposición de los Mecanismos de Resolución: A. Principios de eficiencia, oportunidad, transitoriedad y transparencia: a. oportunidad. b. transitoriedad. c. Transparencia. B. Principio de Proporcionalidad. Condiciones: a. Idoneidad de la medida. b. Necesidad de la medida. c. El subprincipio de proporcionalidad en sentido estricto 3. Los Mecanismos de Resolución en la LISB. 4. Régimen de Derecho Público con exclusión del derecho ordinario: A. Exclusión del régimen concursal mercantil y de los mecanismos del atraso y de la quiebra. B. Inmunidad jurisdiccional. C. Los Mecanismos de Resolución como parte de una Red de Seguridad Financiera. D. Criterios para la correcta elección del Mecanismo de Resolución apropiado. E. Clasificación de los Mecanismos de Resolución según el Comité de Supervisión de Basilea. 5. Progresión razonable de la intensidad de la intervención por la Administración Sectorial Bancaria: A. Actuación preventiva: a. instrucciones y recomendaciones. b. Medidas preventivas y Plan de Regularización. B. Actuación primaria de saneamiento: a. Medidas administrativas y Plan de recuperación. b. Designación de veedores en la Junta Directiva. c. Diferencias entre las medidas administrativas y la intervención de la institución bancaria. C. Los Mecanismos de Resolución: a. La Intervención Administrativa: a´. La audiencia previa. El caso de las empresas relacionadas y la prescindencia total y absoluta del debido proceso. b´. Supuestos de procedencia de la intervención administrativa. c´. Régimen especial de la intervención administrativa. d´. La intervención administrativa como medida de rehabilitación de la institución o como medida de extinción. e´. La intervención administrativa es una medida secuencial, subsidiaria o alternativa?. f´. Como se "fraguan" supuestos ilícitos de intervención por un organismo supervisor. La mala fe de la Autoridad Administrativa. g´. Ejecución del Plan de Rehabilitación y las dos

Asambleas Extraordinarias h´. El Acto Público de Rehabilitación. b. El Mecanismo extraordinario de transferencia de activos y pasivos. a´. Régimen de Derecho Público predominante en la regulación del MET. c. La Liquidación administrativa: a´. Supuestos de procedencia. b´. Del procedimiento administrativo de liquidación. d. La rehabilitación: a´. Del Plan de Rehabilitación.

Las crisis bancarias ponen a prueba la verdadera sustancialidad de la habilitación constitucional a favor del Estado, por órgano de la Administración Sectorial Bancaria, para disciplinar, controlar y dirigir la actividad de intermediación bancaria, inclusive mediante el ejercicio, aplicación y la ejecución de mecanismos ablatorios del derecho de propiedad privada y de fuerte incidencia sobre la libertad de empresa.

En las crisis bancarias, el nudo gordiano se encuentra en la actuación de la Administración, como lo ha puesto magistralmente de relieve MARTIN-RETORTILLO BAQUER, dirigida, a no dudarlo, a proteger la buena fe de los depositantes, preservar la estabilidad en el sistema de pagos y la confianza en el sistema bancario; pero también debiendo escoger y resolver el dilema planteado, entre liquidar a la empresa bancaria en crisis, o sanearla y reflotarla, en aplicación del principio de conservación de la empresa.

La respuesta no es sencilla, pero algo no debe confundirse: si de lo que se trata es de proteger a los depositantes y de preservar la confianza en el sistema bancario y preservar el sistema de pagos, entonces pueden confluir en las intervenciones de saneamiento que practique la Administración, el sistema de garantía de depósitos, por una parte, y la reordenación o recuperación para su rehabilitación, de la institución bancaria y su posterior reincorporación con nuevos titulares accionarios al mercado[47], por la otra .

---

[47] MARTIN-RETORTILLO BAQUER, Sebastián (1991): *Derecho Administrativo II, Disciplina Jurídico – Administrativa de la Banca Privada*, Ediciones La Ley, pp. 134, 135, 136, 137.Pueden consultarse igualmente: CUERVO GARCÍA, Álvaro (1983): *Las crisis bancarias*. Una síntesis. Universidad Menéndez y Pelayo, Seminario; SANCHEZ CALERO, Fernando (1983*): Las crisis bancarias y la crisis del Derecho Concursal. Orientaciones de política legislativa*. Universidad Menéndez y Pelayo, Seminario; MARTIN RETORTILLO, Sebastián (1988): *Panorama General*

1. Objetivos que rigen el Régimen de Saneamiento

Los intereses que constituyen el objeto de protección tutelados constitucional y legalmente en los procedimientos de gestión de crisis bancarias son:

—. la protección de los recursos de los depositantes;

—. minimizar y desarticular la posibilidad de que la crisis se extienda a otras entidades crediticias;

—. conseguir la continuidad de las funciones esenciales de la entidad, es decir, preservar los presupuestos y factores operativos que le permitan mantenerse en marcha.;

—. garantizar la cooperación internacional (en el caso de que la crisis afecte a entidades transnacionales);

—. incentivar la asunción de responsabilidades por parte de los dueños y administradores y;

—. minimizar el uso de recursos públicos y de los contribuyentes.

Los objetivos precedentes pueden desglosarse para su análisis.

A. *Protección de los depositantes y ahorristas*

Como parte de la doctrina de la protección de los consumidores y de la defensa de los intereses de la clientela, el predicado finalistico que justifica las intensas, consistentes y contundentes potestades o poderes de saneamiento o de resolución de la Administración Sectorial bancaria, aplicables a las instituciones bancarias o sistemas bancarios en crisis, se encuentra también en el objetivo específico de proteger sus ahorros e intereses, no sólo el dinero, entre otras causas, para que la desconfianza que genera la crisis de una institución entre sus ahorristas y cuentahabientes, así como en el público en general, no se extienda al sistema, propiciando una crisis sistémica, objetivos claramente enunciados por el artículo 172.22 de la LISB como sentido

---

de las crisis bancarias; Ciclo de Conferencias organizadas por el Banco de España; FERNANDEZ, Tomas Ramón (1988): *Aspectos Administrativos de las crisis bancarias;* Ciclo de Conferencias organizadas por el Banco de España; FRANCH I SAGUER, Marta (1992): *Intervención Administrativa sobre Bancos y Cajas de Ahorro,* Editorial CIVITAS, Madrid. GAMERO CASADO, Eduardo (1990): *La Intervención de Empresas. Régimen Jurídico-Administrativo;* Marcial Pons, Madrid.

finalistico de las habilitaciones competenciales con las que se dota a la Administración de vértice.

B. *Rescate y conservación de la empresa*

De manera que los poderes de ordenación de la economía que la Constitución habilita son poderes de encuadramiento y adecuación al marco general de la actividad económica, la cual sigue siendo, por lo que al sector bancario se refiere, actividad privada y a su preservación deben apuntar finalísticamente estas potestades; preservación, como veremos, que focalizada como objetivo de los títulos instrumentales de intervención en la crisis de una institución bancaria, deben apuntar a "*...garantizar que la institución conserve su giro comercial con el fin de que adecúe su actividad a las instrucciones impartidas por la Superintendencia de las Instituciones del Sector Bancario y supere la situación en la que se encuentra*", según expresamente lo proclama el artículo 251, in fine, de la LISB vigente, definiendo el sentido del régimen de la medida de intervención.

Igual predicado a favor de la vigencia del principio de conservación de la empresa bancaria en crisis y sometida a un régimen extraordinario de administración, dispone el artículo 253, por vía de la aplicación de un Plan de Rehabilitación, para que la institución bancaria que haya presentado desviaciones operativas y legales "*pueda continuar con su giro comercial normal mediante la aplicación de un conjunto coordinado de medidas de carácter administrativo y gerencial*".

Así las cosas, si la institución bancaria puede ser saneada y rehabilitada luego de sometida a un régimen de administración extraordinaria o de rehabilitación o de cumplir con las medidas administrativas que se le impongan, pues entonces, por principio y vista la condicionante teleológica que predican dogmáticamente las normas citadas de los artículos 251 y 253, constituiría una desviación del poder de disciplina y control atribuido a la Administración Sectorial, liquidar a la institución.

La desviación de poder es conceptuada por la doctrina como un vicio de nulidad absoluta, en tanto supone un vicio en el elemento reglado de todo acto administrativo que es el fin. Supone entonces la desviación de poder la existencia de un acto ajustado a la legalidad extrínseca y formal pero que no responde en su motivación interna al sentido teleológico de la actividad administrativa concreta que la norma específica impone a la autoridad administrativa. AUBY y DRAGO —*Traité de Contetieux*— definen la desviación de poder como el vicio de un acto administrativo que se produce cuando una autoridad administrativa ha utilizado voluntariamente sus poderes para un fin distinto a aquel para el que le fueron concedidos; DE LAUBADERE, por su parte, —*Traité de Droit Administratif*— define la desviación de poder como el vicio de nulidad absoluta que se configura cuando una autoridad administrativa emana un acto en ejercicio de competencias que le han sido legalmente atribuidas pero en atención o en vista de un fin diferente de aquel por el que el acto debería haber sido legalmente cumplido; RIVERO señala que la desviación del poder vicia el acto de nulidad absoluta en tanto la Administración ha perseguido un fin diferente de aquel que el Derecho le asignaba, desviando de su finalidad legal el poder que le había sido confiado[48].

En el caso de las medidas de saneamiento, las normas citadas exhiben como contenido dogmático reglado la preservación de la institución si esta ha reaccionado operativamente al plan o a las medidas impuestas, condicionante de la potestad de inmisión que se justifica como proyección de eficacia de la libertad de empresa.

La Ley Orgánica de Procedimientos Administrativos consagra claramente la exigencia de que la autoridad administrativa respete el fin público específico que la norma predica como objetivo teleológico a cumplir con su aplicación:

> Artículo 12. Aun cuando una disposición legal o reglamentaria deje alguna medida o providencia a juicio de la autoridad competente, dicha medida o providencia deberá mantener la debida proporcionalidad y adecuación con el supuesto de hecho y con los fines de la norma, y cumplir los trámites, requisitos y formalidades necesarios para su validez y eficacia.

La norma contiene una clara interdicción a la desviación de poder y al ejercicio arbitrario de las potestades discrecionales,

[48] Vid. CHINCHILLA, Carmen (1991): *La Desviación de Poder*; Editorial Civitas, Universidad Complutense de Madrid.

mediante la consagratoria de los principios de razonabilidad y proporcionalidad de la actuación administrativa y, dentro de ella, en la actividad concreta de subsunción y aplicación del silogismo normativo contentivo de la potestad que para el caso concreto, pretende ejercer la autoridad administrativa[49].

Lo expuesto permite afirmar que el acto debe servir al fin en consideración al cual la norma ha atribuido a la autoridad emisora la potestad que el acto aplica.

La exigencia de la congruencia entre el fin habilitado normativamente y el fin del acto administrativo de intervención dictado, ha sido recogida por la doctrina más calificada en la materia.

Así, MARTIN RETORTILLO precisa, refiriéndose a los poderes o potestades públicas de intervención, disciplina y control que ostenta la administración económica, respecto a la intervención de empresas o sociedades mercantiles:

> ...Tres son las consecuencias que, de modo principal, se derivan directamente del esquema expuesto: carácter restrictivo de todas las medidas limitativas de la libertad de empresa; exigencia de que sean proporcionadas a los fines que se pretenden alcanzar; y sometimiento de las mismas al principio de igualdad. Las tres, son referibles a todos aquellos derechos que de modo directo deriven del derecho de libertad; también, pues, a la libertad económica... (omissis).
>
> En primer lugar, recordar el principio que establece que toda actividad pública limitadora de los derechos de los ciudadanos debe asumir siempre las fórmulas que resulten menos restrictivas para la libertad individual. Se trata de un auténtico corolario, de obligado cumplimiento para la Administración, y que debe completarse con aquel otro que impone la adecuada congruencia entre las medidas limitativas de la libertad y los fines que se tratan de alcanzar. Sistema de principios— ampliamente acogido por la Jurisprudencia del TS— y que con marcada precisión enunciaba ya con carácter general el artículo 6 RS al establecer que:

---

[49] Vid. BREWER CARIAS, Allan (1990) *Principios del Procedimiento Administrativo*. Editorial Civitas, Madrid, pp. 63 a 75; ALVAREZ–GENDIN, Savino (1958): *Tratado General de Derecho Administrativo*, Tomo I, Bosch Casa Editorial, Barcelona, p. 341; GARCIA DE ENTERRIA, Eduardo (1995): *Curso de Derecho Administrativo*, tomo I, Madrid, p. 538.

1. El contenido de los actos de intervención será congruente con los motivos y fines que lo justifiquen.
2. Si fueren varios los admisibles se elegirá el menos restrictivo para la libertad.

Esa congruencia entre el fin predicado por la norma como contenido dogmático a seguir por la autoridad administrativa aplicadora, y la finalidad del acto efectivamente dictado, constituye precisamente la causa de los actos administrativos en su sentido técnico jurídico. Ese fin reglado enarbolado por los artículos 251 y 253 de la LISB, es precisamente el de la conservación de la empresa bancaria, allí donde esta recupere su funcionalidad.

C. *Preservación de los principios del mercado*

También resulta fundamental que junto al respeto del principio de conservación de la empresa para aquellas instituciones que han logrado recuperar su estabilidad patrimonial, operativa y gerencial, mostrando capacidad de seguir en el mercado; se permita el funcionamiento de las leyes del mercado y que las instituciones definitivamente ineficientes en el manejo operativo de los riesgos o en el acatamiento de la disciplina y ordenación que rigen el mercado, se extingan llegado el momento de una crisis institucional.

D. *Negación de beneficios a administradores y a accionistas responsables*

Los administradores y accionistas de la institución bancaria sometida a saneamiento no deben verse beneficiados de la crisis provocada, normalmente, por su mala gestión de los riesgos a los que se ha expuesto a la institución y, mucho menos, si la desestabilización patrimonial es consecuencia de una irregular gestión administrativa. Por el contrario debe exigírseles responsabilidad plena por el daño ocasionado.

En razón de ello , la LISB dispone en su artículo 258 que previa a la declaratoria de liquidación no voluntaria —es decir no decidida por acuerdo entre los accionistas en Asamblea— por la SUPERINTENDENCIA, de una institución del sector bancario, en la que aparezcan indicios de fraude bancario o financiero, deberá solicitar al juez competente medidas cautelares sobre los bienes de las personas naturales identificadas en el artículo 185 de la Ley que hayan participado en los actos o en la administración en la que aparezcan los indicios.

Así, en el mismo orden de ideas, la LISB dispone la necesidad de una autorización especial que debe solicitar el FONDO DE PROTECCIÓN SOCIAL DE LOS DEPÓSITOS al OSFIN, para el pago de cualquier acreencia de naturaleza no laboral, incluyendo el monto de la garantía de depósitos, cuando los titulares sean:

—. Directores, administradores, gerentes y personal ejecutivo de alto nivel de la institución bancaria respectiva, que hayan tenido facultades de dirección, decisión y disposición, en los dos años inmediatamente anteriores a la fecha de la intervención de la institución bancaria correspondiente, o sus cónyuges, ascendientes o descendiente directos;

—.Personas naturales o jurídicas vinculadas con la institución bancaria de la que se trate, de conformidad con lo establecido en la normativa legal vigente.

—.Personas naturales o jurídicas vinculadas con las personas naturales mencionadas en el numeral 1 de este artículo, de conformidad con lo previsto en la normativa legal vigente.

La norma es si se quiere bastante laxa, dado que en definitiva no priva a los responsables de la crisis de la institución, de ser el caso de una administración irregular, sino que somete a autorización el cobro de sus acreencias e inclusive de la garantía de sus depósitos, aun cuando ello pudiera verse gravado o afectado en los casos en los cuales se declare la responsabilidad civil, penal o administrativa de los miembros de la Junta Directiva, responsabilidad establecida en el artículo 30; o se la declare para los accionistas de la institución que sufra la medida.

2. Principios que rigen la selección e imposición de los Mecanismos de Resolución

Los principios que rigen la determinación de cuál es el Mecanismo de Resolución adecuado para solventar la crisis de la institución bancaria o de las instituciones que la sufran, parten de hacer efectiva la propia noción, es decir, de materializar la noción de resolución en sus efectos connaturales entendiendo que la misma implica "*... la reestructuración de una entidad de crédito o de una empresa de servicios de inversión inviable, o que es previsible que vaya a serlo en un futuro próximo, cuando no existan otras alternativas y por razones de interés público y estabilidad financiera resulte necesario evitar su liquidación concursal*", tal y como lo define el FROB o Autoridad de Resolución Ejecutiva española[50].

A. *Principio de eficiencia: oportuna, transitoria, transparente*

Quizás el principio funcional más importante en toda medida de saneamiento, dada su condición o naturaleza cautelar, es la decisión sobre la oportunidad de imponerla, su carácter transitorio y la transparencia con la que se aplique y explique al público ahorrista y a terceros. El cumplimiento de estas tres condiciones puede salvar a la institución, salvaguardar la confianza del público en el sistema, en la supervisión y evitar así una propagación o crisis sistémica.

---

50 El FROB es una entidad de Derecho público con personalidad jurídica propia y plena capacidad pública y privada para el desarrollo de sus fines que tiene por objeto gestionar los procesos de resolución de las entidades en su **fase ejecutiva**. Desarrolla su actividad en ejercicio de las funciones que le atribuye la **Ley 11/2015, de 18 de junio de 2015**, de recuperación y resolución de entidades de crédito y empresas de servicios de inversión.
El FROB está sometido al ordenamiento jurídico privado, salvo que actúe en el ejercicio de las potestades administrativas conferidas por la citada Ley, el Derecho de la Unión Europea u otras normas con rango de ley. Las medidas de resolución de entidades que adopte el FROB se comunicarán, en su caso, a la Comisión Europea o a la Comisión Nacional de los Mercados y la Competencia, a efectos de lo establecido en la normativa en materia de ayudas de Estado y defensa de la competencia. Tiene la misión fundamental de gestionar la ejecución de los procesos de resolución de entidades de crédito y/o empresas de servicios de inversión acometidos en nuestro país. Así, en los casos en los que una entidad sea declarada inviable, no haya soluciones privadas que puedan remediar tal situación y existan razones de interés público que lo justifiquen (en lugar de someter dicha entidad a un proceso de liquidación concursal ordinario), el FROB gestionará la ejecución de las medidas de resolución pertinentes.
Y ello con pleno respeto y observancia de los objetivos de la resolución (establecidos la Ley 11/2015, de 18 de junio, de recuperación y resolución de entidades de crédito y empresas de servicios de inversión), de mantener las funciones críticas de la entidad, preservar la estabilidad económica y financiera protegiendo al mismo tiempo los depósitos cubiertos y los activos de los clientes, y todo ello tratando de evitar o minimizar la utilización de recursos públicos.Véase : FROB: " Sobre el Frob",publicación de la utoridad Ejecutiva 2020.

La eficiencia, pues, de la medida, se traduce en la concurrencia de tres factores:

a. *Oportuna*

La elección de la oportunidad de imposición de cualesquiera de las medidas de saneamiento viene dada por la determinación de dos circunstancias fundamentales por parte de la autoridad competente: la convicción de que la institución se encuentra en una situación de impotencia para afrontar y solventar sola la crisis que la afecta, y el momento del menor costo social de imposición de la medida.

El principio fundamental que rige los poderes públicos de intervención por la SUPERINTENDENCIA en cualquier situación irregular, previa a una crisis o ya está en curso, es el de la libertad de actuación y de elección de la oportunidad, consagrada en el artículo 172.22, en concordancia con lo dispuesto en el artículo 179, que le permite la adopción de las medidas necesarias para evitar o corregir las faltas que advierta en las operaciones de las instituciones, que a su juicio pudieran poner en peligro los intereses de sus depositantes, acreedores o accionistas, la estabilidad de la propia institución financiera.

Sin embargo, pudiera argüirse que en el caso específico de los Mecanismos de Resolución, como títulos de intervención en la crisis de una institución, siendo las medidas de inmisión y ablatorias más intensas, sólo podrían imponerse una vez que practicada una inspección, elaborado y notificado el informe respectivo a la Junta Directiva de la Institución, y configurados alguno o algunos de los supuestos irregulares previstos en el artículo 180, se le hubieran impuesto las medidas administrativas inventariadas en el artículo 181, y estas no hubieren sido efectivas para resolver las situaciones que las motivaron, entonces es que procedería la aplicación de algunos de los Mecanismos de Resolución: o la aplicación del Mecanismo Extraordinario de Transferencia de activos y pasivos, o la intervención de la institución, conforme lo pautan los artículo 245 y 247.7, respectivamente.

b. *Transitoria*

Tanto si la institución puede recuperarse y ser rehabilitada, como si debe liquidarse, la brevedad de la gestión de administración extraordinaria es fundamental para preservar la confianza en el sistema, satisfacer el interés de los ahorristas y ahorrar los recursos del Estado.

c. *Transparente*

Las medidas adoptadas e impuestas a la institución deben concretarse en un ambiente de discreción y suministrando al público la información necesaria y comprensible que le permita entender que el organismo supervisor tiene la dirección y el control del proceso[51].

---

[51] En el caso de la Unión Europea el conjunto de medidas de las cuales disponen los órganos competentes se encuentran recogidas en el Mecanismo Único de Resolución. El MUR fue implementado mediante Directiva 2014/59/UE del Parlamento Europeo y del Consejo, de 15 de mayo de 2014, por la que se establece un marco para la reestructuración y la resolución de entidades de crédito y empresas de servicios de inversión, y por la que se modifican la Directiva 82/891/CEE del Consejo, y las Directivas 2001/24/CE, 2002/47/CE, 2004/25/CE, 2005/56/CE, 2007/36/CE, 2011/35/UE, 2012/30/UE y 2013/36/UE, y los Reglamentos (UE) nº 1093/2010 y (UE) nº 648/2012 del Parlamento Europeo y del Consejo (DO L 173 de 12.6.2014, p. 190).

El MUR forma parte de la denominada Unión Bancaria creada en el 2012, y que es un régimen único creado a partir de la experiencia de la crisis financiera global de 2008, y aplicable para los países de la UE, que se apoya en tres pilares: El Código único de supervisión, el MUS o Mecanismo Único de Supervisión y el MUR o Mecanismo Único de Supervisión.

El régimen de gestión de crisis de entidades de crédito diseñado por las autoridades competentes de la UE se encuentra conformado y determinado por los acuerdos del *Financial Stability Board* (FSB) como organismo especializado, en materia de regulación financiera, constituido por ell G-2014. Así, en octubre de 2011 se aprobó el documento *Key Atributes of Effective Resolution Regimes for Financial Institutions*, en el que se consagran los elementos esenciales para el diseño de las medidas e instrumentos eficaces de gestión de crisis bancarias. La Exposición de Motivos deja claro respecto de la propuesta de Directiva sobre Reestructuración y Resolución Bancaria, que su regulación está inspirada directamente en los principios aprobados por el FSB. Así, reproduciendo el esquema empleado en la normativa adoptada en materia de regulación y supervisión prudencial, la UE ha aprobado un código normativo único y, por ello, aplicable a todos los Estados miembros. En este código normativo se contienen los diversos procedimientos que pueden aplicar las autoridades de resolución competentes para gestionar las crisis bancarias. A diferencia de la regulación prudencial, contenida En la Declaración Final de la Cumbre del G-20 de Londres, se mencionan como objetivos esenciales de la reacción regulatoria: el fortalecimiento de las normas internacionales de regulación prudencial, con la revisión de las normas de Basilea II sobre exigencias mínimas de capital; un marco adecuado para la gestión de crisis de entidades financieras transnacionales, mejora en la regulación y supervisión de las instituciones financieras sistémicamente importantes, ampliar la supervisión sobre las agencias de

B. *Principio de proporcionalidad. Condiciones*

El ejercicio de los poderes públicos de policía administrativa sectorial bancaria por la SUPERINTENDENCIA, impone* a esta

---

calificación crediticia y adoptar medidas contra los Estados no cooperantes. Declaración Final de la Cumbre del G-20 celebrada en Londres, 1 y 2 de abril de 2009, Párrafos 13 y ss.

* (Disponible en https://www.g20.org/Content/DE/StatischeSeiten/Breg/G7G20/Anlagen/G20-erklaerung-londonen.pdf?__blob=publicationFile&v= Disponible en http://www.financialstabilityboard.org/publications/r_111104cc.pdf. Este documento fue respaldado por la Cumbre del G—20, celebrada en Cannes, 4 de noviembre de 2011. (Declaración final disponible en http://www.G-20.utoronto.ca/2011/2011-cannescommunique-111104-en.html). Vid. HÜPKES, E., "Resolving systemically important financial institutions (SIFIs): The Financial Stability Board Key atributtes of efective resolutions regimes", en RAYMOND LABROSE, J., OLIVARES-CAMINAL, R. y SINGH, D. (ed.), Financial Crisis Containment and Government Guarantees, Ed. Edward Elgar, 2012, pp. 43-56. Aunque los principios del FSB, en principio, están referidos exclusivamente a las entidades de carácter transfronterizo, se han aplicado como principios informadores de la totalidad de los procedimientos de gestión de crisis. Propuesta de Directiva del Parlamento Europeo y del Consejo por la que se establece un marco para el rescate y la resolución de entidades de crédito y empresas de inversión, y por la que se modifican las Directivas 77/91/CEE y 82/891/CE del Consejo, las Directivas 2001/24/CE, 2002/47/CE, 2004/25/CE, 2005/56/CE, 2007/36/CE y 2011/35/CE y el Reglamento (UE) nº 1093/2010, COM(2012) 280 final, Bruselas, 6 de junio de 2012, p. 1. Véase: Urbaneja Cillán —*El régimen jurídico de la reestructuración y resolución de entidades de crédito*—. Los principios que rigen la aplicación del MUR en cualquiera de sus manifestaciones cautelares, se encuentran dirigidos a minimizar las perturbaciones del mercado financiero y la economía.

El procedimiento de resolución debe llevarse a cabo en un corto período de tiempo. Debe garantizarse el acceso más pronto posible de los depositantes a los depósitos con cobertura, y en cualquier caso en los plazos establecidos en la Directiva 2014/49/UE del Parlamento Europeo y del Consejo. A lo largo de todo el procedimiento de resolución, la Comisión debe tener acceso a cualquier información que considere necesaria para tomar decisiones con conocimiento de causa. La decisión de someter a un ente a un procedimiento de resolución debe tomarse antes de que el ente financiero sea insolvente de acuerdo con su balance y antes de que todo su patrimonio haya desaparecido.

La resolución debe iniciarse una vez se haya determinado que el ente está en graves dificultades o que existe la probabilidad de que lo esté y que ninguna medida alternativa del sector privado podría evitar su inviabilidad en un plazo de tiempo razonable. El hecho de que un ente no cumpla los requisitos de autorización no debe justificar en sí mismo el inicio de una resolución, especialmente si el ente continúa siendo o podría continuar siendo viable.

Debe considerarse que un ente se encuentra en graves dificultades o que probablemente va tenerlas, según lo establece el Reglamento del MUR, cuando:

1. incumpla o vaya probablemente a incumplir en el futuro próximo los requisitos necesarios para conservar su autorización;
2. cuando el activo del ente sea o vaya a ser probablemente en el futuro próximo inferior a su pasivo;
3. cuando el ente no pueda o no resulte probable que vaya a poder hacer frente en el futuro próximo al pago de sus deudas al vencimiento de estas, o cuando el ente necesite una ayuda financiera pública extraordinaria, excepto en las circunstancias especiales especificadas en el Reglamento. La necesidad de ayudas en forma de provisión urgente de liquidez del banco central no debe, de por sí, ser una condición que evidencie de forma

prácticamente el acatamiento de todos los principios que rigen tanto la actividad sancionadora administrativa, como la propia actividad cautelar que recae sobre las instituciones bancarias, en su fase de prevención como en su fase de crisis.

El Principio de proporcionalidad es un derivado axiológico y empírico de los Principios de Legalidad, de razonabilidad y de respeto al núcleo duro de los derechos fundamentales, que trasladado al ordenamiento sectorial bancario implica, entre otras cosas, que las limitaciones a la libertad económica de los operadores del mercado deben ser las estrictamente necesarias para la protección del interés público que constituye objeto superior de la tutela, como para la propia protección y promoción del mercado, sus agentes y usuarios.

El predicado constitutivo fundamental del Principio de Proporcionalidad en lo que a nuestro tema atañe implica en primer lugar la determinación de la correlatividad entre la importancia de la

---

suficiente que un determinado ente no puede o no podrá hacer frente en el futuro próximo al pago de sus deudas al vencimiento de estas.

El principal objetivo del MUR es garantizar que las quiebras bancarias que puedan producirse en la unión bancaria se gestionen de forma eficiente, con costes mínimos para el contribuyente y la economía real. El ámbito de actuación del MUR es idéntico al del MUS, es decir, una autoridad central, la Junta Única de Resolución (JUR), es la responsable final de la decisión de iniciar la resolución de un banco, mientras que los aspectos operativos de la decisión se aplicarán en cooperación con las autoridades nacionales de resolución. La JUR inició su trabajo como organismo autónomo de la Unión el 1 de enero de 2015 y es plenamente operativa desde enero de 2016. El 7 de junio de 2017, la JUR adoptó su primera decisión de resolución en el caso del Banco Popular. El 23 de junio de 2017, la JUR decidió no tomar medidas de resolución en relación con la Banca Popolari di Vicenza y Veneto Banca, y el 24 de febrero de 2018 llegó a la misma decisión en relación con el ABLV Bank AS y su filial ABLV Bank Luxembourg S.A.

(Fuente: Fichas técnicas sobre la Unión Europea – 2019 2 www.europarl.europa.eu/factsheets/es. Igualmente el REGLAMENTO (UE) No 806/2014 DEL PARLAMENTO EUROPEO Y DEL CONSEJO de 15 de julio de 2014 por el que se establecen normas uniformes y un procedimiento uniforme para la resolución de entidades de crédito y de determinadas empresas de servicios de inversión en el marco de un Mecanismo Único de Resolución y un Fondo Único de Resolución y se modifica el Reglamento (UE) no 1093/2010). El FUR o Fondo Único de Resolución fue Establecido por el Reglamento (UE) n.º 806/2014, Reglamento MUR. El Fondo Único de Resolución (FUR) pertenece a la Junta Única de Resolución (JUR). El FUR se puede usar para permitir que la JUR aplique sus herramientas y poderes de resolución de manera efectiva y eficiente. El FUR es una forma de garantizar que el sector financiero ayude a pagar la estabilización del sistema financiero. El FUR se dota con las aportaciones de las entidades de crédito y de ciertas empresas de inversión en los 19 Estados miembros participantes en la unión bancaria. Se construirá gradualmente a lo largo de los ocho años de su periodo inicial (2016-2023). El FUR deberá alcanzar el nivel objetivo de al menos el 1 % del importe de los depósitos garantizados de todas las entidades de crédito dentro de la unión bancaria antes del 31 de diciembre de 2023.

intervención y limitación en el derecho fundamental de la libertad económica, y la importancia del fin perseguido por la intervención. En otras palabras, si la intensidad de la medida de intervención y limitación o ablación se encuentra justificada por su real idoneidad para satisfacer un interés público concreto sacrificando el interés particular. Por ello, el Principio es también conocido como principio de ponderación y en la doctrina alemana como juicio de adecuación, juicio que se aplica en dicha jurisdicción administrativa atendiendo al denominad Test de Proporcionalidad.

De manera, que tanto en la selección e imposición de medidas preventivas o cautelares o sancionatorias, así como en el caso de los Mecanismos de Resolución, la autoridad administrativa debe realizar un primer análisis de ponderación que la obliga a comparar la importancia pública del fin a conseguir con la medida o mecanismo, con la importancia que comporta la intervención gravosa en la libertad fundamental.

Ello quiere decir, en otras palabras, que si el fin de la intervención, cautelar, sancionatoria o ablatoria es proteger el interés público encarnado en la defensa y protección de los depositantes y de sus haberes, preservar la estabilidad del sistema bancario y de pagos, entonces la autoridad debe ponderar la mesurabilidad de la medida. Si ese interés puede ser eficientemente protegido por una medida de mínima intervención, pues no se justificaría una medida ablatoria o extintiva de la empresa.

El Principio de proporcionalidad requiere para que se considere cabalmente cumplido, que concurran tres condiciones o presupuestos de eficacia. Se trata de los subprincipios de la proporcionalidad que ha ido construyendo la doctrina alemana[52], que son los subprincipios de

---

52 La proporcionalidad se aplicaba ya en la jurisdicción administrativa alemana antes de la Primera Guerra Mundial .No es una creación reciente del Tribunal Constitucional. Los tribunales administrativos consideraban y contrastaban la necesidad de ponderar los intereses privados y el interés público. El concepto de "proporcionalidad" se ha derivado de dos fuentes. Por una parte, como un presupuesto causal del principio del Estado de derecho (el *Rechtsstaat*), el Tribunal Constitucional decidió que el principio del *Rechtsstaa*t requiere tomar en consideración el concepto de "proporcionalidad", en virtud de que el Estado de Derecho se funda sobre el imperio de la ley, es decir sobre normas, muchas veces se presentan situaciones de tensión dialéctica entre aquellas normas que defienden el interés general y los derechos individuales, lo que se traduce en la tensión entre un derecho fundamental y su restricción , o entre propios derechos fundamentales. La tensión y el conflicto se definen aplicando el principio de proporcionalidad, dado que el ordenamiento jurídico no prevé mecanismos o

idoneidad, necesidad y proporcionalidad en sentido estricto, aplicándose de manera sucesiva y escalonada. Tales subprincipios pueden radiografiarse de la siguiente manera:

a. *La idoneidad de la medida:* También llamado subprincipio de adecuación[53], lo cual presupone que entre el medio instrumental en que la medida consiste y el fin perseguido con su imposición existe un relación positiva, en orden a la cual la medida resulta rápida, eficaz, segura y suficiente para el logro del fin constitucionalmente asignado a la autoridad como

---

reglas para eliminar tal contraposición o tensión circunstancial. Por la otra parte, el Tribunal Constitucional deriva el concepto de "proporcionalidad" de los derechos fundamentales, considerándolo consustancial a estos derechos. Ello, en cuanto que los derechos fundamentales se definen como garantías de una esfera privada protegida contra las intervenciones del Estado de cualquier tipo. La ley fundamental, como bien precisa HARTWIG, autoriza al Estado a restringir los derechos fundamentales, pero no especifica las condiciones para recurrir a la autorización. Como regla, el texto se limita a la fórmula: "Este derecho podrá ser restringido por ley o en virtud de una ley". La habilitación a la restricción no es ilimitada.

La complejidad de las situaciones ante las cuales se aplica el principio muchas veces deviene del conflicto de derechos fundamentales entre sí, que al no tener una jerarquía establecida por la Ley Fundamental, hay que dilucidar casuísticamente y ante el conflicto planteado, cuál de ellos deberá ceder en el caso concreto.(Por ejemplo en el caso de Carolina de Hannover o de Mónaco, en el cual el Tribunal Constitucional primó la libertad de la prensa sobre el derecho a la vida privada; o el caso Görgülü en el cual contrariamente a la decisión del Tribunal Constitucional alemán, el Tribunal Europeo hizo prevalecer el derecho del padre biológico. Véanse Fallo del Tribunal europeo para los derechos humanos del 24 junio 2004, http:// cmiskp.echr.coe.int. 19; Fallo del Tribunal europeo para los derechos humanos del 26 febrero 2004, http:// cmiskp.echr.coe.int/. Véase: HARTWIG, Matthias: La "proporcionalidad" en la jurisprudencia del Tribunal Constitucional Federal de Alemania; UNAM,Biblioteca virtual. ALEXANDER, Gregory (2006): *The Global debate over Constitutional Property: Lessons from American Takings Jurisprudence*, Chicago University Press); ALEXY, Robert (1993): *Teoría de los derechos fundamentales*, Madrid, Centro de Estudios Constitucionales); ALEXY, Robert (1994): "Derechos individuales y bienes colectivos", en: Garzón, Ernesto y Malem. *El concepto y la validez del Derecho*, Gedisa, pp. 179-207.

ALEXY, Robert (2002a): *A Theory of Constitutional Rights*, New York, Oxford U. Press. Benda, Ernesto; Vogel, Horst; Hesse, Konrad; Heyde, Wolfgang, y Maihofer, Werner (1996): *Manual de Derecho Constitucional*,Madrid, Marcial Pons. Covarrubias cuevas, Ignacio (2012): "La desproporción del test de proporcionalidad: aspectos problemáticos en su formulación y aplicación", en: *Revista Chilena de Derecho* (Vol. 39, Nº 2), pp. 447-480. COVARRUBIAS CUEVAS, Ignacio (2014): "¿Puede la dignidad humana ser un principio comúnmente compartido en materia de adjudicación constitucional?", en: *Revista Actualidad Jurídica* (Nº 29), pp. 147-165.COVARRUBIAS, Ignacio (2018): *El Principio de Proporcionalidad en la jurisprudencia del Tribunal Constitucional Federal alemán: más allá de Alexy, Ius et Praxis , versión On-line ISSN 0718-0012, n., 3 vol 24.*

BERNAL PULIDO, Carlos (2005): EL Principio de Proporcionalidad y los Derechos Fundamentales, Centro de Estudios Políticos y Constitucionales, Madrid, pp. 690, 691.

condicionante axiológico de la potestad ejercitada y del título de intervención aplicado.

b. *La necesidad de la medida:* Supone que tanto el legislador cuando diseñó la norma contentiva de la medida en correspondencia con el presupuesto fáctico anómalo que exige o hace imperiosa su aplicación, así como la administración aplicadora de la misma, deben enjuiciar si la medida adoptada o por adoptarse es idónea para satisfacer el fin perseguido; y, de manera fundamental que tal medida de intervención, luego de su comparación con otros medios alternativos, resulta ser la menos gravosa, la más benigna para la afectación de la libertad fundamental, de entre todas aquellas medidas igualmente idóneas para satisfacer el fin perseguido[54].

c. *El subprincipio de proporcionalidad en sentido estricto.*

Implica que la significación e importancia de la intervención en el derecho fundamental de que se trate —libertad de empresa, derecho de propiedad, por ejemplo y para el caso concreto—, debe tener plena justificación en la relevancia o importancia social que la realización del fin perseguido guarda o representa.

El principio de proporcionalidad estructura su operatividad y su aplicación en un procedimiento de cinco pasos, en el cual son tenidos en cuenta todos los argumentos materiales analíticos, normativos y fácticos a favor y en contra de la validez de la norma relevante. Los cinco pasos son:

---

[54] Al respecto pueden consultarse: DIEZ -PICAZO, L. y PONCE DE LEON: La Jurisprudencia Constitucional de los Derechos Fundamentales; AAVV, Madrid; DE LUCAS, J. y VIDAL, E. (1988): Razonabilidad e Interpretación Constitucional; en AAVV, Madrid; MARTINEZ PUJALTE, A.L. (1977): La Garantía de Contenido Esencial de los Derechos Fundamentales; Centro de Estudios Políticos y Constitucionales, Madrid; FORSTHOFF, E. (1986): Problemas Constitucionales del Estado Social; en AAVV, Madrid; GALETTA, D.U. (1998): El principio de Proporcionalidad en el Derecho Público Italiano; CDP N° 5, Madrid; GARCIMARTIN ALFEREZ, F. (1996): La Argumentación más Favorable al Derecho Fundamental; Revista de Derecho Privado y Constitucional N° 5, pp 329 y ss.

a. La adscripción *prima facie* de una norma de derecho fundamental, y de su posición respectiva, a una disposición de derecho fundamental;
b. La verificación de que la ley examinada en el control de constitucionalidad constituye una intervención en el ámbito de la disposición de derecho fundamental relevante;
c. El examen de idoneidad de la ley;
d. El examen de necesidad de la ley;
e. El examen de proporcionalidad en sentido estricto de la ley.

De estos cinco pasos, los dos primeros son presupuestos de la aplicación del principio de proporcionalidad y los tres últimos son los ya referidos subprincipios que lo componen.

En todo caso, la premisa fundamental sobre la que se estructura la versión maximizadora del test de proporcionalidad es la de concebir los derechos fundamentales y bienes constitucionales como *principios*, a diferencia de otro tipo de normas, que son las reglas. Al respecto y en relación a las diferencias entre los principios y las reglas, ALEXY expone:

> .... El punto decisivo para la distinción entre reglas y principios es que los principios son normas que ordenan que algo sea realizado en la mayor medida posible, dentro de las posibilidades jurídicas y reales existentes. Por lo tanto, los principios son mandatos de optimización que se caracterizan porque pueden cumplirse en diferente grado y que la medida debida de su cumplimiento, no sólo depende de las posibilidades reales sino también de las posibilidades jurídicas. El ámbito de las posibilidades jurídicas se determina por los principios y reglas opuestos. En cambio, las reglas son normas que sólo pueden ser cumplidas o no. Si una regla es válida, entonces debe hacerse exactamente lo que ella exige, ni más ni menos. Por lo tanto, las reglas contienen determinaciones en el ámbito de lo fáctica y jurídicamente posible. Esto significa que la diferencia entre reglas y principios es cualitativa y no de grado. Toda norma es o bien una regla o un principio.

En tal virtud, los derechos-principios "*pueden ser satisfechos en varios grados*", de lo que se sigue que "*en caso de colisión entre principios, las posibilidades de cuánto se desarrolle cada derecho fundamental dependerá de cuánto se esté en condiciones de restringir el otro derecho en conflicto*", de conformidad con la denominada "*ley de la ponderación*"[55].

A su vez, como lo propone ALEXY, la regla crucial en cuanto consagra la ley de la ponderación es la proporcionalidad en sentido estricto. Se traduce en ponderar el grado de intensidad con que un derecho —*principio* (libertad económica por ejemplo) es perjudicado por el acto estatal examinado por el TP, con el fin buscado con la regulación. La interferencia puede ser leve, moderada o seria y lo mismo ocurre con la satisfacción del derecho —*principio* que puede ser indiferente, importante o muy importante. Así, si la injerencia en el derecho fundamental es "*moderada*" y la satisfacción del principio contrapuesto es "*muy importante*, la medida sería conforme al test[56].

3. Los Mecanismos de Resolución en la LISB

Los poderes de policía administrativa sectorial bancaria que ostenta por habilitación constitucional y por disposición legal la SUPERINTENDENCIA DE LAS INSTITUCIONES DEL SECTOR BANCARIO se encuentran tasados para controlar las diferentes fases que puede revestir una crisis bancaria individual, grupal o sistémica. Estos poderes-potestades se ejercitan rodeados de una serie de garantías, pero también investidos de una potencia propia de las prerrogativas del poder público, desplazando radicalmente el régimen ordinario propio del derecho mercantil para enfrentar las crisis societarias y su liquidación.

4. Régimen de Derecho Público con exclusión del derecho ordinario

A. *Exclusión del régimen concursal mercantil y de los mecanismos del atraso y de la quiebra*

Como una consecuencia de la especialidad del Derecho Público Bancario y del alto grado de especialización de las Administraciones

---

55 COVARRUBIAS CUEVAS, Ignacio, El principio de proporcionalidad…

56 Idem.

Públicas sectoriales en la regulación técnica del funcionamiento de las instituciones bancarias y crediticias y del desarrollo de las operaciones de intermediación, así como de la compleja gestión técnica de tales instituciones y de sus factores de riesgo e inestabilidad; el régimen concursal ordinario aplicable a los comerciantes y a las sociedades ordinarias de comercio, resulta inaplicable a las instituciones bancarias en crisis, en lo que es ya una tradicional declaración normativa, recogida en la vigente LISB, cuyo artículo 240 declara que las instituciones bancarias se encuentran excluidas del beneficio del atraso y del procedimiento de quiebra establecido en la Ley que regula la materia mercantil, y se rigen por el régimen especial de intervención, rehabilitación y liquidación previsto en la LISB, al igual que sus empresas relacionadas. Llamativamente la norma no menciona dentro de las categorías de dicho régimen especial al Mecanismo Extraordinario de Transferencia de activos y pasivos, lo cual podría explicarse considerándolo una variante de la liquidación.

Estos poderes públicos y los regímenes especiales en los que se materializa su habilitación funcional, son netamente administrativos, es decir, se configuran como potestades de la Administración Sectorial, potestades que abarcan desde la elección y decisión sobre las medidas a adoptar, hasta los grados de intensidad en la modalidad de resolución, pudiendo llegar hasta el ejercicio de la potestad ablatoria y, además, todo ello en sede administrativa.

Menester es agregar que las empresas públicas, definidas por la LOAP, también se encuentran excluidas del régimen concursal ordinario del derecho mercantil, es decir de los procesos del atraso y de la quiebra, no obstante estar sujetas en su actividad al derecho mercantil. La justificación parece fundarse en la dualidad que establece el artículo 7 del Código de Comercio, el cual dispone que la Nación, los Estados, el Distrito Federal, los Distrito y los Municipios pueden ejecutar actos de comercio, pero no podrán ser considerados comerciantes lo cual, obviamente deja fuera a la empresas públicas constituidas por cualquiera de estos entes político territoriales de los procesos concursales aplicados a los comerciantes.

De otra parte, la propia LOAP prevé la medida de intervención administrativa, entre otros entes descentralizados funcionalmente, en el caso de las empresas públicas "*...cuando existan razones que lo* *justifiquen, sin perjuicio de lo establecido en leyes especiales*", tal y como lo dispone el artículo 126; intervención que cesará tan pronto se haya logrado rehabilitar al ente intervenido y saneado su patrimonio, según lo establece el artículo 130 eiusdem, referencia al equilibrio patrimonial que evidencia que la medida de intervención en este caso de los entes descentralizados funcionalmente y específicamente para las empresas públicas, no se limita a los supuestos de irregularidades en la gestión administrativa sino que comprende las crisis patrimoniales. No menos fundamental como señal relevante de la exclusión de las empresas públicas de los procesos concursales mercantiles en sede jurisdiccional, es el hecho de que las mismas se suprimen y liquidan por decreto del Presidente de la República, del Gobernador o del Alcalde, según sea el caso, según lo establece el artículo 131 de la LOAP[57].

Sin embargo, es menester señalar que la primacía del Derecho Público, calificada como un verdadero régimen estatutario del derecho bancario[58], en todo lo concerniente a la aplicación de los Mecanismos de Resolución, no obsta para que la regulación prudencial recoja o remita a la aplicación por extensión analógica de normas del Código de Comercio o del Código Civil si así lo estima adecuado a los procesos que implican cada uno. En todo caso esta remisión no podría validar la aplicación de las instituciones concursales mercantiles o civiles del atraso y la quiebra para las instituciones, las cuales si se encuentran expresamente excluidas del marco de los MER.

B. *Inmunidad Jurisdiccional*

En concurrencia con el régimen jurídico-publico monopólico de disciplina y dirección administrativa en las crisis patrimoniales

---

57 Véase el minucioso estudio de MUCI ABRAHAM, José (1992): Consideraciones sobre la aplicabilidad a Petróleos de Venezuela, S.A. y a sus empresas filiales de las disposiciones del Código de Comercio relativas a la quiebra; RDP, 1992, Caracas. Los razonamientos seguidos en dicho estudio son extensibles a las empresas públicas en general.

58 Ese régimen estatutario está conformado por los siguientes textos normativos: la Constitución, la Ley Orgánica del Sistema Financiero Nacional, la Ley de Instituciones del Sector Bancario, la Ley de Tarjetas de Crédito, Débito, Prepagadas y demás Tarjetas de Financiamiento o Pago Electrónico, la Ley del Banco Central de Venezuela, Reglamentos de estas normas y la Normativa Prudencial de la SUDEBAN y Resoluciones y convenios del Banco Central de Venezuela.Se agrega la aplicación del Código de Comercio.

societarias de las instituciones bancarias, con la exclusión del régimen concursal mercantil ordinario, la LISB prevé que durante el régimen de intervención, mientras dure la rehabilitación y en la liquidación, queda suspendida toda medida preventiva o de ejecución contra la institución del sector bancario afectada, así como aquellas que vayan contra las empresas relacionadas; en orden a lo cual no podrá intentarse ni continuarse ninguna acción de cobro a menos que ella provenga de hechos posteriores a la intervención, tal cual lo dispone el artículo 241 de la Ley.

C. *Los Mecanismos de Resolución como parte de una Red de Seguridad Financiera*

En la concepción de la Supervisión comparada internacional y por la propia elaboración hecha por el Comité de Basilea, los mecanismos de resolución son parte de una Red de Seguridad Financiera —RSF— asumidas, por ejemplo, por el BID a partir de las elaboraciones del COMITÉ DE BASILEA y que hoy forman parte de los esquemas de saneamiento individual o sistémico de las crisis bancarias a nivel mundial[59].

---

[59] Se entiende por Red de Seguridad Financiera (RSF) el conjunto de instituciones, sistemas, procesos y mecanismos establecidos para contribuir a mantener la estabilidad del sistema financiero, y proteger la función de intermediación que desarrollan las entidades financieras y su papel en el sistema de pagos. La RSF en general se compone de: i) una regulación prudencial y procesos de supervisión eficaces; ii) un prestamista de última instancia, o un equivalente, como el fondo de liquidez; iii) un esquema de resolución bancaria, y iv) un seguro de depósitos.
Su objetivo es reducir la probabilidad de que una o varias entidades financieras caigan en situación de insolvencia y, ante todo, evitar el contagio a otras instituciones para salvaguardar la fortaleza del sistema. La RSF funcionará correctamente si sus componentes operan simultáneamente para incentivar la disciplina de mercado, asegurar bases sólidas en materia de regulación.
No hay una definición única y universalmente aceptada para el concepto de supervisión basada en riesgos. Los Principios básicos de Basilea para una supervisión bancaria efectiva reconocen esta situación y no requieren que los supervisores adopten y definan tal enfoque. También reconocen la tendencia, existente en la práctica y adoptada por un número creciente de supervisores, a determinar los programas de supervisión y la asignación de los recursos considerando el riesgo impuesto por las entidades financieras individuales y los grupos bancarios (BCBS, 2006). Estudio y texto Adaptado de Focke, Guerrero y Rossini (2010).
De acuerdo con el BCBS (2006) una RSF usualmente incluye los componentes i, ii y iv, considerando implícitamente el esquema de resolución bancaria como parte del componente i. La supervisión y corrección temprana de dificultades, permite concentrar la mayoría de los costos de eventuales problemas de las instituciones financieras en sus accionistas y administradores, y a la vez se apoya en un marco legislativo apropiado. Véase: GUERRERO,

Existe un catálogo en la supervisión comparada a nivel mundial, de mecanismos de resolución bancaria que pueden ser aplicados cuando fallan o resultan insuficientes todas las medidas administrativas preventivas y correctivas impuestas por los Organismos de Supervisión, y se busca resolver la situación focal de inestabilidad o disfunción patrimonial de un banco, preservando la totalidad o una parte de la institución para mitigar la pérdida de la confianza en el sistema bancario y preservar el sistema de pagos, así como, de manera fundamental, cortar con el riesgo de contagio que pudiera conducir a una crisis sistémica, incluyendo también por tanto la liquidación de la institución.

De lo que se trata, respetando los principios de razonabilidad y proporcionalidad en el ejercicio de los poderes públicos que legitiman la intervención sanadora o de liquidación, en sus diferentes grados —idoneidad, suficiencia y oportunidad de la medida—, es de elegir el mecanismo que minimice tanto los costos económicos y sociales como el impacto de su aplicación sobre el resto del sistema financiero y sobre el riesgo moral de los banqueros y depositantes.

En el caso de la UE la crisis financiera y económica global de 2008, generó una fragmentación y dispersión de los mercados financieros a nivel europeo, además de un contagio entre el sistema financiero y la deuda soberana de los Estados miembros.

Con el objetivo de coordinar una actuación unitaria y concertada, las autoridades de la UE, siguiendo el modelo de integración política y económica, crearon metodológicamente en el 2012 la Unión Bancaria, la cual puede entenderse como:

> "...un marco legal integrado y el conjunto de instituciones necesarias para asegurar el buen funcionamiento del sector bancario y la homogeneidad de requisitos y de tratamiento de las entidades y sus clientes, con independencia de su localización, así como para prevenir y minimizar los costes de situaciones de crisis bancarias, ya sean individuales o sistémicas...".

Rosa Matilde et al (2011) *Supervisión con Base en Riesgos: Precisión del Marco Conceptual*. BID, Washington, pp. 6, 7, 8.

Así, la Unión Bancaria comprende la concertación entre los países de la eurozona por lo menos respecto a los siguientes presupuestos de actuación frente a las crisis bancarias : el desarrollo de un código normativo único en materia prudencial, es decir, un mecanismo único de supervisión (MUS), integrado por el Banco Central Europeo (BCE) y los supervisores nacionales (coordinado por el BCE); instrumentos comunes de gestión de crisis de entidades de crédito, reunidos sistemáticamente como un mecanismo único de resolución, y una mayor armonización de los fondos de garantía de depósitos.

D. *Criterios para la correcta elección del Mecanismo de Resolución apropiado*

GUERRERO, citando a BOLZICO, MASCARÓ y GRANATA (2007)[60] expone algunos requerimientos deseables para que los mecanismos de resolución bancaria elegidos por las autoridades aplicadoras sean eficientes: la minimización de los costos financieros y económicos directos debería surgir de la comparación entre el costo financiero directo de la liquidación y el costo derivado de la aplicación del mecanismo de resolución —HOGGARTH, REIDHILL y SINCLAIR— (2004)[61].

En el mismo orden de ideas, señalan los autores mencionados, la elección del mecanismo óptimo debería tender a minimizar los costos sociales asociados con el uso de fondos públicos para este fin. Este objetivo está directamente asociado con otro de los requisitos mencionados: la reducción del riesgo de contagio sistémico, tanto directo como indirecto.

Destacan como fundamental que la minimización de estos costos deberá ser consistente con un nivel mínimo de protección a los depositantes más pequeños y con la reducción de la probabilidad de que existan asimetrías de información. Para ello, los accionistas y grandes inversores deberán enfrentar las pérdidas que surgen de la resolución bancaria. Esencial resulta cumplir el proceso en el momento oportuno y con la mayor transparencia posible en lo que se

---

60 BOLZICO, Javier, GRANATA, Paola, MASCARÓ, Yira (2006): Lineamientos Prácticos para una Resolución Bancaria Eficiente.

61 Citados por GUERRERO, Violeta, op cit.

refiere a la claridad en las normas, procedimientos y marco institucional.

E. *Clasificación de los Mecanismos de Resolución según el Comité de Supervisión de Basilea*

El Comité de Supervisión Bancaria de Basilea, ha clasificado en seis categorías los mecanismos de resolución bancaria posibles:

1. liquidación del banco y pago de los depósitos garantizados;
2. reestructuración;
3. compra y asunción (exclusión y transferencia de activos y pasivos o "banco bueno-banco malo (BB-BM)",
4. fusión y adquisición,
5. banco puente y;
6. asistencia al banco abierto. La elección del método o métodos que se implementen en forma conjunta, dependerá de las características específicas de la institución financiera disfuncional o inviable, del entorno del mercado bancario, de los poderes y potestades del órgano encargado competencialmente de implementarlo.

Importa destacar que la noción técnica de los MRB se centra fundamentalmente, en los diversos países, en métodos aplicables a bancos inviables, comprendiendo en algunos también las técnicas y procesos de saneamiento. Pero en todo caso, se aplican una vez que las medidas ordinarias de corrección y los planes de regularización han resultado insuficientes.[62]

---

62 BOLZICO, GRANATA Y MASCARÓ, describen los 6 métodos de resolución que conforman las alternativas posibles en los diversos ordenamientos para enfrentar la crisis de una institución bancaria:

1. Cierre del banco y pago de los depósitos. Mediante este método el banco fallido se cierra y liquida, causando su salida del sistema. Los depósitos deberían pagarse en la mayor medida posible y siguiendo el orden de prioridad de cobro con los recursos del banco y, cuando corresponda, de la institución aseguradora de depósitos.
2. Reestructuración radical. El supervisor interviene en ciertas áreas clave del banco inviable, que puede requerir diferentes grados y tipos de intervención. Las intervenciones más comunes incluyen: el reemplazo del personal gerencial por funcionarios de supervisión, recortar los poderes de los accionistas, implementar cambios operativos y de organización, pasar ciertos activos a pérdida, canjear deuda por acciones y considerar

La resolución, en el lenguaje de los organismos de supervisión europeos y latinoamericanos, es fundamentalmente una referencia genérica a las dos categorías posibles de intervención administrativa potestativa en el manejo de la crisis de una institución, conjunto de ellas o de un sistema bancario, comprendiendo entonces la reestructuración o la liquidación ordenada de una entidad como un mecanismo jurídico—financiero excluyente de los mecanismos concursales propios del Derecho Mercantil, y sin intervención de los órganos de la sociedad, ni de sus accionistas ni de los órganos jurisdiccionales, sino de autoridades administrativas.

Las características principales de un procedimiento de resolución, aun cuando no se encuentren explícitamente consagradas, pero ostensibles en los diversos procedimientos de las legislaciones comparadas, son las siguientes:

—. El procedimiento es breve y sumario.

---

ciertos instrumentos como capital. En general, sin embargo, solucionar el problema requiere más que la re-capitalización.

3. Compra y asunción. Bajo este método, instituciones sólidas o inversores privados compran algunos o todos los activos del banco fallido y asumen parte de o todo su pasivo. Las autoridades conducen este proceso que suele involucrar el retiro de la licencia del banco, con la remoción potencial de los accionistas originales y los gerentes. Este método ha sido el de uso más frecuente en los últimos diez años, aunque la mayoría de los que emplearon el método C&A fueron países desarrollados.
4. Fusiones y adquisiciones. Este método se refiere a las fusiones o adquisiciones de bancos Fallidos, por otros bancos privados que son inducidos por las autoridades bancarias, lo cual quiere decir, que las fusiones y adquisiciones "puras" y privadas no se consideran un método de RB, dado que no conlleva persuasión por parte de las autoridades. Ante un caso de quiebra de un banco las autoridades contactan banco(s) sólidos del sistema para motivarlos a fusionarse usando en gran medida "persuasión moral" u ofreciendo incentivos regulatorios o fiscales.
5. Banco puente". Este método muy poco practicado consiste en que las autoridades cierran el banco en problemas y, a la vez, crean un banco nuevo (el "banco puente") con algunos o todos sus activos y pasivos originales, y le permiten al banco fallido continuar sus operaciones hasta que el liquidador designado vende sus acciones en el mercado.
6. Asistencia al banco abierto. El gobierno mantiene abierto el banco en problemas dándole solvencia y/o liquidez mediante inyecciones directas de capital, préstamos gubernamentales y compra de activos en problemas por parte de compañías administradoras de activos que se crean exclusivamente para estos fines u otras instituciones (con sus pérdidas cubiertas por el gobierno). Si bien la asistencia a un banco abierto no constituye resolución bancaria en sí ya que no provee una solución a largo plazo para las debilidades subyacentes del banco, es útil para situaciones sistémicas que plantean el riesgo de pérdida o interrupción de los servicios bancarios a una gran cantidad de clientes. Por ende, generalmente se usa para el manejo de las quiebras de grandes bancos (IADI 2005) o en un contexto político y social frágil, que las autoridades evalúan que podría llevar a un problema sistémico mayor si se resuelve y cierra el banco.

—. Su finalidad es la estabilidad financiera.

—. Es un procedimiento administrativo sin presencia judicial, aun cuando luego queden las medidas adoptadas sometidas al control judicial ex post.

—. Los acreedores y accionistas deben quedar subordinados, puesto que la maximización de su retorno no es el objetivo, aunque deben respetarse los derechos de propiedad[63].

Surge esta técnica o mecanismo de resolución bancaria porque, como lo ha señalado TORRES (2017), luego de confrontar las sucesivas crisis, las autoridades de Estados Unidos se dieron cuenta de que el procedimiento concursal tradicional, no ofrecía las soluciones adecuadas para las entidades financieras que pudieran tener riesgo sistémico, especialmente desde la quiebra de LEHMAN BROTHERS que en virtud de que no era un banco *retail* o comercial no estaba sometido a las autoridades bancarias. A la vez, como lo destaca TORRES, la opinión pública estadounidense, en plena crisis económica rechazaba el *bail out* con dinero público[64].

Vistos estos dos presupuestos problemáticos, el Congreso estadounidense promulga la ley *Dodd Frank —de Reforma de Wall Street y el sistema financiero—*, estableciendo dicho texto normativo que las entidades financieras con riesgo sistémico, sean supervisadas o no por el sistema bancario, deben ser liquidadas por autoridades administrativas bancarias —fundamentalmente el **FDIC**—, mucho más técnicas y ágiles que un juzgado de quiebras, y que puedan contener el riesgo sistémico. En Europa, las autoridades llegarían a la misma conclusión e instauraron un sistema similar en la Unión Europea.

Tanto la pertinente directiva europea de resoluciones de 2014 y *la Ley Dodd Frank Act* de 2010, como lo apunta TORRES, tienen como herramienta principal u opción preferencial, aun cuando no única, el *bail in o* rescate interno mediante recapitalización por los accionistas, sin dinero público de ninguna clase, debiendo ser éstos los que paguen el rescate de la entidad.

---

63 Véase: TORRES, Ricardo (2017): Los Mecanismos de Resolución Bancaria en la Unión Europea y los Estados Unidos; Instituto Iberoamericano de Derecho y Finanzas.

64 TORRES, Ricardo, ob. cit, pp. 12, 13.

5. Progresión razonable de la intensidad de la intervención por la Administración Sectorial Bancaria

La LISB, por lo menos de una manera formal, jerarquiza en principio de manera causal y en consecuencia de manera progresiva, los medios y técnicas jurídicas públicas de intervención en entidades bancarias con problemas, es decir, establece un tracto instrumental de progresión en intensidad atendiendo a la gravedad de los problemas que confronte la institución.

Así, las etapas de actuación de la Administración sectorial y los instrumentos potestativos de abordamiento o tratamiento de las crisis de las instituciones crediticias en nuestro ordenamiento jurídico, son las siguientes:

A. *Actuación Preventiva*

a. *Instrucciones y recomendaciones*

Contempla la remisión del Informe de la Inspección practicada a la institución, con reserva de las partes que considere confidenciales, y la formulación de instrucciones y recomendaciones que considere necesarias cuando las instituciones incumplieren las normas de la Ley o las demás normas aplicables, en particular las referidas al capital mínimo o a reducciones del capital social, tal y como lo disponen los artículos y 179 de la LISB, permitiendo a la Alta Gerencia la implementación sin coacción de las recomendaciones e instrucciones. La Junta Directiva de la institución está obligada a conocer y resolver sobre el contenido del informe en la primera oportunidad en la que se reúna, según lo pautan los artículos 30.5 y 32 eiusdem, acatando el plazo para la adopción de las recomendaciones que la SUPERINTENDENCIA hubiere establecido en el informe remitido.

b. *Medidas preventivas y Plan de Regularización*

Si la institución no acogiera en el plazo indicado las instrucciones impartidas, la SUPERINTENDENCIA ordenará la adopción de las medidas preventivas y correctivas que juzgue adecuadas, idóneas y necesarias y exigirá los programas de regularización que fueren necesarios[65], debiendo además imponer las sanciones administrativas pertinentes, sin perjuicio de las acciones civiles y penales a que hubiere lugar, según lo disponen los artículos 177, segundo aparte, y 179. El incumplimiento de las instrucciones o recomendaciones impartidas por la SUPERINTENDENCIA está calificado de infracción administrativa sancionable por el artículo 202.8.

---

[65] El Reglamento del MUR, y en el contexto del Mecanismo Único de Resolución (MUR), establece un poder de resolución centralizado que se confía a la Junta Única de Resolución (JUR) creada de conformidad con el Reglamento, y a las autoridades nacionales de resolución. El establecimiento de ese poder de resolución centralizado forma parte del proceso de armonización en materia de resolución operado por la Directiva 2014/59/UE y por el conjunto de disposiciones uniformes relativas a la resolución establecida en el Reglamento.

La aplicación uniforme del régimen de resolución en los Estados miembros participantes se verá reforzada por el hecho de confiarla a una autoridad central como el MUR. La Junta elabora los planes de resolución en coordinación con las ANC, y como parte del contenido de tales planes impuestos a una institución o a un grupo, el Reglamento habilita las siguientes medidas:

a) exigir al ente que revise los mecanismos de financiación dentro del grupo o su ausencia o que elabore acuerdos de servicios (ya sea entre los entes del grupo o con terceros) para garantizar las funciones esenciales;
b) exigir al ente que limite sus riesgos individuales y globales máximos;
c) imponer la obligación de facilitar información específica o regular adicional pertinente a efectos de la resolución;
d) exigir al ente que se deshaga de determinados activos;
e) exigir al ente que limite o que cese determinadas actividades existentes o propuestas;
f) restringir o evitar el desarrollo de ramas de actividad nuevas o ya existentes o la venta de productos nuevos o existentes;
g) exigir cambios en las estructuras jurídicas u operativas del ente o de cualquier ente del grupo que esté directa o indirectamente bajo el control de las autoridades nacionales de resolución, con el fin de reducir su complejidad y de garantizar que las funciones esenciales puedan separarse jurídica y operativamente de otras funciones mediante la aplicación de los instrumentos de resolución;
h) exigir a un ente la constitución de una sociedad financiera de cartera matriz en un Estado miembro o una sociedad financiera de cartera matriz en la Unión;
i) exigir a un ente la emisión de pasivos elegibles para dar cumplimiento a los requisitos del artículo 12;
j) exigir a un ente que tome otras medidas para cumplir los requisitos mencionados en el artículo 12, entre ellas, en particular, que intente renegociar cualquier pasivo elegible, instrumento de capital adicional de nivel 1 o instrumento de nivel 2 que haya emitido, con el fin de garantizar que las decisiones de amortización o conversión de ese pasivo o instrumento que pudiera tomar la Junta se apliquen con arreglo a la legislación por la que se rija el pasivo o instrumento en cuestión.

Menester es destacar que si bien el presupuesto formal de hecho para la imposición de medidas preventivas y del Plan de Regularización por la SUPERINTENDENCIA, lo constituye el desacato o no implementación por la institución de las instrucciones y recomendaciones formuladas por el Organismo Supervisor, según las normas señaladas supra, siempre puede esta, previa comprobación de la existencia de irregularidades, fallas o deficiencias en las operaciones de las instituciones que conforman el sector bancario, adoptar las medidas necesarias para la corrección de tales situaciones, tal y como lo establece el artículo 171.22, en concordancia con lo dispuesto en el numeral 26 de la misma norma, que en conjunción le permiten adoptar las medidas o ejecutar todos los actos necesarios para resguardar los intereses de los usuarios y del público en general.

B. *Actuación primaria de saneamiento*

Aun cuando no aparece claramente diferenciado en la LISB, pareciera que las situaciones operacionales que dan lugar a la formulación de instrucciones y recomendaciones, y subsidiariamente, en caso de no ser acatadas en el plazo establecido en el informe o en el oficio de remisión del mismo, hacen procedente la imposición de medidas correctivas y el cumplimiento de los programas de regularización que la autoridad considere pertinentes, son situaciones de menor gravedad inicial o sustancial, que aquellas que dan lugar a la imposición de las medidas administrativas catalogadas en el artículo 181, a partir de la configuración de las situaciones irregulares enunciadas en el artículo 180 y a la vez, a la presentación por la institución de un Plan de Recuperación conforme al 183.

De modo que si en las leyes anteriores el primer paso lo constituía la formulación de recomendaciones e instrucciones por la SUDEBAN, revestidas o en el marco de la denominada "persuasión moral" y que suponía que su falta de cumplimiento o acatamiento por la alta dirección o gerencia de la institución no generaba sanción; en la vigente LISB no existe tal incumplimiento sin sanción y la falta de acatamiento oportuno de las instrucciones y recomendaciones genera sanciones según lo habilita el artículo 177, parte in fine.

De esta forma tenemos que las actuaciones de saneamiento, luego de incumplidas o demostradas ineficaces las instrucciones y recomendaciones formuladas por la SUDEBAN e igualmente ineficaces su ejecución por la institución, o decididas estas actuaciones de saneamiento cuando la SUDEBAN lo considere necesario y sin subsidiariedad ninguna respecto al proceso de formulación y acatamiento de las instrucciones y recomendaciones, son:

a. *Medidas Administrativas y Plan de Recuperación*

La SUPERINTENDENCIA ordenará la adopción de una o varias de las medidas administrativas enunciadas en el artículo 181, cuando se configuren o la institución bancaria incurra en alguno de los siguientes supuestos establecidos en el artículo 180:

Artículo 180:

Supuestos para la aplicación de las medidas administrativas

La Superintendencia de las Instituciones del Sector Bancario ordenará la adopción de una o varias de las medidas a que se refiere el artículo 181 de la presente Ley, cuando una institución del sector bancario en el desarrollo de su actividad incurra en los siguientes supuestos:

1. Dar fundados motivos para suponer que podría incurrir en situaciones de iliquidez o insolvencia que pudieran ocasionar perjuicios para sus depositantes o acreedores o para la solidez del sector bancario.
2. Conceder crédito a sus propios accionistas o a personas relacionadas con éstos, para cubrir los requerimientos de capital de la institución del sector bancario.
3. Omitir la declaración de activos o pasivos existentes o contabilizar activos o pasivos inexistentes.
4. Ocultar, alterar o falsificar los libros o documentos de la institución del sector bancario, así como sus sistemas de información.
5. No someter sus libros y negocios al examen de la Superintendencia de las Instituciones del Sector Bancario o rehuir a tal sometimiento.
6. Presentar situaciones graves de tipo administrativo o gerencial, que afecten su operación normal, o la liquidez y

solvencia. Así como incurrir en fallas y desviaciones de carácter operacional en materia de tecnología de la información.

7. Cesar en el pago de las obligaciones con sus depositantes.
8. Mantener, durante al menos un mes, un índice patrimonial inferior al previsto en el artículo 48 de este Decreto con Rango, Valor y Fuerza de Ley, o cualesquiera de los índices por debajo de lo establecido por la Superintendencia de las Instituciones del Sector Bancario.
9. Incumplir los requerimientos de encaje legal o de posición en moneda extranjera en los términos establecidos por el Banco Central de Venezuela.
10. Presentar durante al menos un trimestre, un capital inferior al mínimo exigido en esta Ley para cada tipo de institución del sector bancario.
11. Perder o reducir a menos de un cincuenta por ciento (50%) su capital social.
12. Incurrir en notorias o reiteradas violaciones a esta Ley, a las regulaciones del Banco Central de Venezuela, del Órgano Superior del Sistema Financiero Nacional, del Ministro o Ministra con competencia en materia de Finanzas o las normativas o instrucciones de la Superintendencia de las Instituciones del Sector Bancario.
13. Incumplir de manera reiterada la adecuada atención al público a que se refiere el Capítulo II del Título V de la presente Ley.

Obsérvese que la mayor parte de los supuestos implican actuaciones irregulares por parte de los administradores de la institución, como lo son los previstos en los numerales 2, 3, 4, 5, 6, 12, 13; mientras que los otros supuestos tienen que ver directamente con la situación patrimonial de la institución, detrás de la cual también pudieran ocultarse gestiones y acciones ilícitas o fraudulentas de los administradores.

Configurados como sean alguno o algunos de estos supuestos y no corregidos oportunamente por la institución en el plazo que le sea indicado, sea luego de recibir el informe de inspección como lo pauta el 177 , o sea de manera específica por instrucción recibida por oficio de la SUPERINTENDENCIA, de conformidad con lo previsto en el artículo 181, esta podrá adoptar y aplicar a la institución "...*todas las medidas de administración que juzgue pertinentes, y en particular una o varias de las siguientes medidas*":

Artículo 181

Medidas Administrativas:

En los supuestos del anterior artículo, la Superintendencia de las Instituciones del Sector Bancario adoptará sobre las instituciones del sector bancario todas las medidas de administración que juzgue pertinentes, y en particular una o varias de las siguientes medidas:

1. Colocación de los recursos obtenidos por el incremento de las captaciones o disminución de sus activos en valores de alta liquidez, solvencia y rentabilidad, en el Banco Central de Venezuela en la forma en que el Superintendente o Superintendenta de las Instituciones del Sector Bancario apruebe.
2. Reposición de capital social.
3. Prohibición de otorgar nuevos créditos.
4. Registro inmediato, por la instrucción de la Superintendencia de las Instituciones del Sector Bancario, de las pérdidas correspondientes a las provisiones parciales o totales de activos cuyo estado de cobrabilidad, realización o liquidez así lo requieran, y la reducción correspondiente de su capital o afectación de reservas contra ellas.
5. Prohibición de realizar nuevas inversiones, con excepción de las señaladas en el numeral 1.
6. Prohibición de realizar nuevas operaciones de fideicomiso.
7. Prohibición de decretar pago de dividendos.
8. Orden de vender o liquidar algún activo o inversión.
9. Prohibición de captar fondos a plazo.
10. Prohibición de apertura de nuevas oficinas en el país o en el exterior.
11. Prohibición de adquirir de acciones y participaciones en el capital social de instituciones bancarias constituidas o por constituirse en el exterior.

12. Prohibición de adquirir, ceder, traspasar o permutar inmuebles, así como, la generación de gastos por concepto de remodelaciones a los propios o alquilados.
13. Suspensión de pago de dietas u otros emolumentos; salvo los sueldos y salarios que a la fecha devenguen los miembros de la Junta Directiva.
14. Prohibición de liberar, sin autorización de esta Superintendencia de Instituciones del Sector Bancario provisiones específicas y genéricas.
15. Suspensión o remoción de directivos o empleados de la institución.
16. Designación de funcionarios o funcionarias acreditados por la Superintendencia de las Instituciones del Sector Bancario, con poder de veto en la Junta Directiva y todos los Comités, con acceso pleno a todas las áreas administrativas.
17. Prohibición de mantener publicidad o propaganda.
18. Cualquier otra medida de naturaleza similar a las establecidas en los numerales anteriores, incluyendo la reducción del capital o la suspensión de operaciones.

En esta fase ya de saneamiento, el grado de coacción directa sobre la institución es más intenso, dentro de los poderes de disciplina que ostenta el Organismo Supervisor, dado que no sólo puede la SUPERINTENDENCIA adoptar cualquier medida de administración o cualquier medida de naturaleza similar a las que se enuncian por la norma del 181, según lo disponen el encabezamiento y el numeral 18, pudiendo llegar tal poder cautelar hasta la suspensión o destitución de administradores o directivos de la institución. Sin embargo, no habilita la norma para adoptar medidas de disposición o ablatorias sobre o respecto del capital accionario de la institución ni sobre los activos, ni implica todavía la intervención de la institución con la suspensión de los órganos de administración, decisión y gestión societarios.

b. *Designación de veedores en la Junta Directiva*

También debe destacarse que este régimen de saneamiento cautelar puede verse intensificado mediante la imposición de un régimen de "administración vigilada", es decir de restricción al poder decisorio y de ejecución de los órganos de dirección y decisión societarios, designando y facultando a los funcionarios que acredite la SUPERINTENDENCIA, con poder de veto en la Junta Directiva y en todos los Comités, con acceso pleno a todas las áreas administrativas, según lo dispone el numeral 16 de la norma que comentamos. En el mismo sentido, el Organismo Supervisor puede suspender o remover directivos o empleados de la institución, según la facultad que le confiere el numeral 15.

Este régimen de administración vigilada, presenta dos características constitutivas fundamentales:

i. No llega hasta la suspensión o sustitución de los órganos de decisión o disposición de la institución, sino a su sujeción al poder de veto de los funcionarios designados por la SUPERINTENDENCIA, los cuales en el argot bancario se denominan *veedores;*

ii. no implica todavía la extinción traslativa de la propiedad accionaria sobre la institución, como veremos que puede suceder en la intervención.

De manera que los veedores designados no pueden imponer la adopción de política y decisiones a la Junta Administradores de la institución sometida vigilancia sino que deben limitarse al ejercicio de su poder de veto en la Junta, poder que debe ser ejercido de manera motivada y razonada. Obviamente tal limitación al ejercicio del poder de veto, no impide que si la Junta decidiere desacatar el veto y evadirlo generando una decisión de circunvalación o rodeo del veto en concreto, los veedores no tengan la faculta de dirigirse a la SUPERINTENDENCIA y lograr de ella la orden mediante acto administrativo expreso para que se acate el veto en todo su sentido y finalidad.

Como garantía del derecho a la defensa, el artículo 182 dispone que para la adopción de las medidas administrativas a que se refiere el artículo 181 el Superintendente dará audiencia previa a la parte respecto de la cual se toma la decisión. En caso de urgencia comprobada se adoptarán las medidas en el mismo acto de la audiencia, según lo conforma dicha norma en cuestión.

Respecto a la garantía de la audiencia previa es menester señalar que la jurisprudencia del Supremo Tribunal ha venido estableciendo una diferencia discriminatoria y absurda entre las instituciones bancarias y las empresas relacionadas.

En efecto, ha establecido que la audiencia previa sólo procede en los casos de imposición de medidas administrativas a las instituciones bancarias y no cuando se trata de empresas relacionadas. Igual criterio viene manejando con la intervención, respecto de la cual ha afirmado que existirían dos modalidades de intervención: la intervención principal que es la que concierne y recae sobre las instituciones bancarias y en la que es indisponible e insoslayable la audiencia previa; y una intervención accesoria que recae sobre las empresas relacionadas, procediendo la notificación en el primer caso y no en el segundo, jerarquización y subsidiariedad que no aparecen en la Ley y que es violatoria al derecho al debido proceso que corresponde a toda empresa que se vea inmersa en el procedimiento de calificación como empresa relacionada a una institución crediticia intervenida, con la expectativa de que el resultado de dicho proceso sea la intervención de la empresa y, según las estadísticas de los últimos 15 años, su liquidación conjuntamente con la de la institución bancaria o crediticia.

La vigente LISB, no parece despejar y diluir estas discriminación, que no encuentra justificación axiológica, técnica ni jurídica alguna, previendo la audiencia previa para el caso de la imposición de las medidas administrativas a instituciones bancarias, en el artículo 182, y estableciendo la audiencia previa también para la aplicación de cualquiera de los mecanismos de resolución, según lo dispone el artículo 243, siempre refiriéndose a las instituciones bancarias[66].

---

[66] Así, el TSJ en Sala Político Administrativa, en sentencia número 01727 de 07 de octubre de 2004, acoge el criterio comentado supra en los términos siguientes:
"(...) En cuanto al defecto en la notificación alegado, estima la Sala que si bien es cierto que el artículo 73 de la Ley Orgánica de Procedimientos Administrativos requiere que los actos administrativos de efectos particulares sean notificados a los interesados, mientras que el artículo 72 eiusdem establece la norma general de que los actos de efectos generales deben ser publicados en la Gaceta Oficial que corresponda al organismo que tome la decisión, no es menos cierto que otras leyes especiales en materia de Derecho Administrativo pueden establecer excepciones a los principios generales establecidos en la Ley Orgánica de Procedimientos Administrativos. Asimismo, advierte la Sala que en el caso de autos resulta innecesario el análisis sobre la idoneidad de la publicación del acto impugnado en la Gaceta Oficial N° 35.831 del 6 de noviembre de 1995, toda vez que (...) la interposición del presente recurso, ponen en evidencia que el fin del requisito de la notificación o publicación de los

El pretendido carácter accesorio o subordinado del proceso legalmente establecido de intervención de empresas que se consideren relacionadas por la Autoridad Supervisora, respecto al proceso principal de intervención de una institución bancaria, no constituye presupuesto legítimo de desaplicación para las empresas no financieras de la garantía constitucional del debido proceso y como iter aplicativo y de eficacia del mismo, la audiencia previa.

A mayor gravedad, la invocada condición de accesorio del procedimiento de intervención de una empresa que se considera relacionada, es un grosero falso supuesto de derecho. Ciertamente, la intervención de la empresa que se considere relacionada sigue a la intervención primaria de la institución de crédito o bancaria a la cual se la considera como tal, pero no puede predicarse de tal procedimiento cumplido con la empresa que este guarde la típica relación de accesoriedad instrumental que caracteriza, por ejemplo, a las medidas preventivas, sobre todo cuando la intervención va dirigida a afectar el capital y los activos de la empresa para el cumplimiento de obligaciones que mantiene el bancos con su clientela y, por tanto, a despojar a esa empresa de su sustrato patrimonial y llevarla luego a la liquidación, aun cuando, como sucede en la

---

actos administrativos, como lo es poner en conocimiento a los interesados del contenido del acto, se logró en el presente caso, razón por la cual, el referido alegato debe ser desechado, y así se decide. *En lo que se refiere a la presunta ausencia del procedimiento legalmente establecido aducida por la parte recurrente, es necesario señalar que la intervención de bancos y otras instituciones financieras está contemplada en los artículos 251 al 259 de la Ley General de Bancos y otras Instituciones Financieras, como un acto del Poder Público que comporta una injerencia en actividades privadas, en virtud del cual se priva de la posesión y administración de una sociedad a sus propietarios o accionistas en forma temporal. Así, tanto la Ley General de Bancos y otras Instituciones Financieras como la Ley de Regulación de la Emergencia Financiera prevén dos tipos de intervención, por una parte la intervención por vía principal de bancos y otras instituciones financieras, y por la otra, la intervención por vía accesoria de empresas relacionadas con las anteriores. El procedimiento que debe seguirse a los fines de acodar la intervención de un banco o institución financiera está previsto en los artículos 163 al 172, 254 al 259 y 264 de la Ley General de Bancos y otras Instituciones Financieras. Se trata de un procedimiento administrativo especial que, de conformidad con lo dispuesto en el artículo 47 de la Ley Orgánica de Procedimientos Administrativos, debe aplicarse con preferencia al procedimiento administrativo ordinario establecido en dicha Ley.* ***En el caso de la intervención de empresas relacionadas con bancos u otras instituciones financieras previamente intervenidos, el régimen legal aplicable permite la intervención de la empresa mediante una resolución motivada, que no requiere audiencia previa de los particulares interesados, pero sí la realización de una serie de actuaciones dirigidas a la comprobación por la Administración de los supuestos de hecho que justifican la intervención por vía accesoria, conforme lo establece el artículo 18 de la Ley de Regulación de la Emergencia Financiera vigente para la fecha, lo cual se justifica por el carácter cautelar que reviste la medida accesoria respecto al proceso de intervención principal.*** *(...)".* (Sic). (Destacado de esta decisión).

práctica, se trate de activos propios de la empresa y no de activos de la institución financiera intervenida, activos propios que en muchas ocasiones han sido confiscados por las autoridades supervisoras para hacer frente a las obligaciones de la institución intervenida.

De modo que desde la perspectiva de la empresa, el procedimiento no tiene nada de accesorio ni reviste una mera formalidad adjetiva, sino que, por el contrario, constituye un procedimiento principalísimo de gravamen que incluso pudiera denominarse y entenderse como un proceso sumario primero de desposesión y luego de liquidación.

En el mismo orden de ideas, la jurisprudencia ha señalado que en todo caso, la prescindencia de la audiencia previa en el proceso de intervención de las empresas relacionadas se ve compensada por una serie de actuaciones que la Administración Pública debe cumplir en aras de esclarecer la verdadera relación entre la empresa y la institución crediticia intervenida. A este respecto cabe señalar que en la práctica esa serie de actuaciones se llevan a cabo excluyendo y manteniendo al margen a la gerencia de la empresa que se presume relacionada o bajo unidad de decisión o gestión de la institución crediticia intervenida, y por tal condición susceptible de ser intervenida; y esas actuaciones, normalmente de simple revisión documental, se llevan a cabo unilateralmente por los interventores de la institución bancaria o crediticia, quienes luego pasan el respectivo informe y solicitud de intervención a la SUDEBAN y esta produce la respectiva resolución.

El silencio de las leyes sectoriales bancarias respecto a la audiencia previa a la aplicación de una medida de desposesión y con tendencia normativa a culminar en la liquidación de la institución bancaria y de las empresas relacionadas, no le quita primacía a la eficacia de la garantía constitucional, que no requiere de consagración normativa para entenderse integrada a la noción del debido procedimiento administrativo que predica el artículo 49 constitucional y más tratándose de una procedimiento de gravamen que la mas de las veces termina siendo ablatorio, es decir, culmina con la liquidación de la empresa vinculada[67].

[67] Así, en sentencia TSJ/SPA N° 01440 de fecha 03/12/2015, el Máximo Tribunal expresa lo siguiente: "*en materia de intervención de empresas relacionadas, [...] la Ley de Regulación de la*

Impuestas las medidas administrativas a que se refiere el artículo 181, la institución deberá presentar a la SUPERINTENDENCIA, dentro de los 10 días hábiles bancarios a contar del acto administrativo de notificación, un Plan de Recuperación que contenga las medidas a adoptar por la institución. La SUPERINTENDENCIA se pronunciará sobre el Plan propuesto dentro de los 15 días hábiles bancarios siguientes, no pudiendo exceder la ejecución del Plan del plazo de 120 días continuos, el cual podrá ser prorrogado por una sola vez y por igual período.

De no ser aprobado el Plan de Recuperación, o en caso de incumplimiento por la institución de cualquier operación o plazo contemplado en dicho Plan, o incumplimiento de las medidas administrativas impuestas, o la reincidencia en cualquier de las causales previstas en el artículo 180, la SUPERINTENDENCIA, por disposición del artículo 183, implementará el mecanismo extraordinario de transferencia, al que se refiere el artículo 245, o la intervención administrativa de la institución, "si fuere procedente", de acuerdo con el artículo 247.

Este orden de prelación en el título instrumental a aplicar por la SUPERINTENDENCIA en caso de configurarse los supuestos de no aprobación, no presentación o ineficacia del Plan de Recuperación, o de nuevos incumplimientos por la institución, orden que pareciera privilegiar la liquidación directa de la institución mediante la aplicación del mecanismo extraordinario de transferencia de activos y pasivos, por sobre la intervención, plantea la interrogante acerca del carácter subsidiario, alternativo o imperativo de la intervención, y la eventual transgresión de los principios de razonabilidad, proporcionalidad, conservación de la empresa, libertad de empresa, interrogante que intentaremos despejar más adelante.

La jurisprudencia ha precisado que el tránsito de la etapa de ejecución de las medidas administrativas a la aplicación de cualquiera de los mecanismos de resolución previstos en la LISB, no requiere un

---

Emergencia Financiera permite la intervención de la empresa relacionada sin conceder audiencia previa al sujeto sobre el cual recae la medida, en vista de la situación especial de emergencia que reviste la adopción de dicha medida, lo cual hace que puedan relajarse ciertas formalidades en beneficio de la eficacia de la medida (la cual se adopta en protección de los intereses de un número indeterminado de personas)' (Vid. Sentencia N° 873 de fecha 13 de abril de 2000; en idéntica orientación, Sentencias Nros. 1727 y 1169, de fechas 7 de octubre de 2004 y 5 de agosto de 2009, respectivamente)".

acto administrativo formal que declare la terminación de la etapa de ejecución de las medidas administrativas, sino que cuando las mismas resultaren insuficientes o ineficaces para resolver las situaciones que las motivaron, o si hubiere algún incumplimiento del Plan de Recuperación, la Superintendencia no se encuentra obligada a dictar un acto de terminación formal de la etapa de ejecución de las medidas administrativas, sino que puede pasar directa y sumariamente a dictar el acto administrativo que impone tal mecanismo, es decir el acto que declara la transferencia extraordinaria de activos, o el acto que impone la intervención administrativa de la institución bancaria, tal y como se desprende además de lo dispuesto por los artículos 183, aparte único, 245 y 247.7[68].

Obviamente y en cualquier caso, tal acto administrativo debe ser motivado por exigencia de los artículos 9 y 18.5 de la LOPA.

c. *Diferencias entre las medidas administrativas y la intervención de la institución bancaria*

Aun cuando ya hemos expuesto el grueso de tales diferencias, es conveniente traer a colación el criterio que respecto a tales diferencias ha manifestado la propia SUPERINTENDENCIA DE LAS INSTITUCIONES DEL SECTOR BANCARIO, invocando el artículo 171.12 del vigente Decreto con Rango, Valor y Fuerza de Ley de Instituciones del Sector Bancario, que consagra la potestad de emitir opinión e interpretación sobre los alcances de las normas legales que rigen a las instituciones del sector bancario, y en oportunidad de dictar la Resolución N° 047.19, de fecha 10 de septiembre de 2019, publicada en la Gaceta Oficial de la República Bolivariana de Venezuela N° 41.714 del 11 del mismo mes y año; donde el Ente Supervisor, impuso al Banco Occidental de Descuento, Banco

---

[68] Así por ejemplo en sentencia Nº 2012-435 del 12 de marzo de 2012, dictada por la Corte Segunda de lo Contencioso Administrativo, el Alto Órgano Jurisdiccional declaró:
De ese modo, este Tribunal Colegiado considera, que la Administración bancaria actuó ajustada a Derecho al ordenar la intervención del banco, pues este Tribunal observa que la ley no dispone la culminación del procedimiento de medidas mediante acto administrativo formal, más que la consecuencia jurídica de la intervención de la Institución Bancaria, en virtud del incumplimiento de las medidas tomadas por la SUDEBAN, cuando estas hubieren resultado insuficientes para resolver la situación que motivó dicha imposición…(omissis).
Posteriormente, en la sentencia nº 00871 del Tribunal Supremo de Justicia - Sala Político Administrativa de 22 de Julio de 2015, expediente 2012-1240, El Máximo Tribunal confirmó lo declarado por la CSCA.

Universal C.A., medidas administrativas de intervención del Estado en protección y aseguramiento de los fondos de los usuarios venezolanos constituyó un acto administrativo fundamentado en el artículo 154 de la Ley.

Así, el propio Ente Regulador, explicó las diferencias que apuntamos:

> ...En este orden es oportuno señalar que el concepto propio de medidas administrativas y el de intervención del Decreto con Rango Valor y fuerza de Ley de Instituciones del Sector Bancario, está ampliamente diferenciado por el legislador patrio.

Por lo cual las medidas administrativas dictadas al Banco Occidental de Descuento, Banco Universal, C.A., por parte de este Ente de supervisión, poseen naturaleza jurídica distinta a un régimen de intervención, visto que su objeto es que a través de una participación activa del regulador realizar la supervisión permanente de las actividades desarrolladas por esa Entidad Bancaria lo cual será verificado a través de un grupo de funcionarios veedores que estarán presentes a la Junta Directiva y todos los Comités de la sociedad mercantil con acceso pleno a todas las áreas, sean estas administrativas, operativas, de negocios o de cualquier otra naturaleza a efecto de realizar una actividad de supervisión, vigilancia y corrección en las operaciones de la Institución Bancaria objeto de la presente medida, todo ello en aras de mantener la transparencia de las operaciones en cumplimiento de las normas que regulan la materia y de cara a los procesos regulatorios en otros países que mantienen otras entidades bancarias pertenecientes al grupo Financiero BOD.

Asimismo, el Órgano Supervisor no asume las funciones que actualmente ejerce la Junta Directiva de Banco Occidental de Descuento, Banco Universal C.A., ni los miembros de ésta fueron removidos de sus cargos, ni se ha privado de la posesión y administración de la sociedad mercantil a sus propietarios o accionistas de manera alguna, sus funciones se limitan a verificar bajo una figura de supervisión directa que efectivamente esa Entidad Bancaria tome las decisiones correctas respecto a los procesos que pesan sobre entidades extranjeras del Grupo financiero en resguardo del patrimonio de Banco Occidental de Descuento, Banco Universal C.A.

En consecuencia la participación a través de esta Superintendencia como Ente Regulador del Sistema Bancario, se realiza bajo los parámetros legales que definen la aplicación de medidas administrativas, dado que en materia bancaria, el proceso de "Intervención" de una Institución del Sector Bancario, se encuentra regulado en el Capítulo III del Decreto con Rango, Valor y Fuerza de Ley de Instituciones del Sector Bancario, cuyo texto normativo amparado en el artículo 247 y siguientes del aludido Decreto Ley, lo cual no ha sido invocado por esta Superintendencia en ninguno de los actos administrativos, hecho que nos lleva a concluir con plena certidumbre que el Banco Occidental de Descuento, Banco Universal, C.A., no se encuentra actualmente bajo un Régimen de Intervención o también denominado Régimen Administrativo Especial de Intervención; cuya consecuencia directa reiteramos sería mantener al Banco gobernado por un administrador o junta administradora designada por el Estado[69].

Por lo todo lo expuesto, resulta oportuno ratificar el compromiso de este Ente Regulador para garantizar el funcionamiento de un sector bancario sólido, transparente, confiable y sustentable, por lo que las acciones adoptadas constituyen una medida de carácter preventivo cuya ejecución será permanentemente monitoreada en cumplimiento de lo dispuesto en el artículo 184 del Decreto con Rango, Valor y Fuerza de Ley de Instituciones del Sector Bancario, sin que ello implique que la administración, dirección y operaciones de Banco Occidental de Descuento, Banco Universal, CA., hayan sido tomadas por esta Superintendencia de las Instituciones del Sector Bancario.

C. *Los Mecanismos de Resolución*

De manera evidente, estas técnicas de disciplina y control de la institución bancaria afectada por una crisis patrimonial, tomaron en nuestra Ley el nombre que reciben estos mecanismos de saneamiento en el derecho comunitario, como ya lo hemos reseñado supra de

---

69 Fuente: Sudeban. Circular SIB-DSB-CJ-OD-10345.

manera detallada, representados en el caso de nuestro ordenamiento jurídico por cuatro procesos distintos, que a continuación exponemos:

a. *La Intervención Administrativa*

La medida de intervención administrativa de una institución bancaria se encuentra regulada por los artículos 242, 243, 244 y 247 al 256 de la LISB.

Sustancialmente consiste en el sometimiento transitorio de una institución bancaria y de las sociedades relacionadas técnica y calificadamente que sean declaradas bajo unidad de decisión o gestión según los parámetros de la LISB, y siempre que resulte indispensable su intervención; a un régimen de administración controlada, caracterizado por la suspensión de las funciones de los órganos naturales societarios de decisión y gestión de la institución, y su sustitución temporal, mientras la medida se mantenga vigente, por un administrador o junta administradora, a quienes se confieren *"... las más amplias facultades de administración, control y vigilancia, incluyendo todas las atribuciones que la Ley o los Estatutos confieren a la asamblea, o a la junta administradora , al presidente y a los demás órganos de la institución"*, y aunado a tal sometimiento de la gestión de los órganos societarios, la desposesión operativo y funcional de la institución para su órgano societario según lo dispone el artículo 242.

Las facultades del administrador o junta administradora designados, y su contenido y alcance en todo caso, serán establecidas en la normativa prudencial que al efecto dicte la SUPERINTENDENCIA, según lo estatuye el artículo 242, mandato regulatorio que fue cumplido por la SUPERINTENDENCIA dictando la Resolución N° 209.11 del 29/07/2011, contentiva de las *Normas relativas al proceso de intervención de las instituciones que operan en el sector bancario venezolano y personas jurídicas vinculadas*[70],

[70] Gaceta Oficial de la República Bolivariana de Venezuela N° 39.731 de fecha 9/08/2011. La Resolución 209.11 acoge una definición bastante confusa de la medida de intervención, pretendiendo sin embargo agregar a la definición de la medida como régimen especial de administración de la institución que trae el artículo 251 de la LISB, el conjunto de actividades que lo conforman, señalando que esta consiste en *"...el conjunto de actividades destinadas a la protección, control, vigilancia, aseguramiento, y análisis jurídico, financiero, contable y tecnológico, de todos los bienes, negocios, actividades, operaciones y demás asuntos de la institución bancaria intervenida; así como de sus personas jurídicas vinculadas , de darse el caso. Todo ello con la finalidad de proteger y evitar mayores daños y perjuicios a los acreedores, inversores, clientes y accionistas de la*

y en la cual se establece el procedimiento a seguir por el interventor o interventores una vez declarada la medida.

La existencia de la Resolución 209.11 contentiva de las normas generales del proceso de intervención, no soslaya el hecho de que debe ser dictada la Resolución pertinente que imponga tal medida administrativa de intervención a la institución de que se trate y que en dicho acto administrativo de efectos particulares se establezca el contenido y alcance de la medida y los presupuestos específicos de su aplicación concreta.

a´. *La audiencia previa*

La LISB dispone en su artículo 243 que para la adopción de cualesquiera de las medidas de resolución, entre ellas la intervención, se convocará previamente a una única audiencia al Presidente o a la Junta Directiva de la institución del sector bancario destinataria de la medida, y la misma será acordada por el Superintendente dentro de las 48 horas siguientes a la celebración de la audiencia.

—. *El caso de las empresas relacionadas y la prescindencia total y absoluta del debido proceso.*

Llama la atención que la norma que comentamos no haga referencia a las empresas relacionadas, pareciendo que reserva la audiencia previa sólo para las instituciones bancarias sobre las cuales potencialmente recaerá la medida. Ello se debe como ya lo explicamos en el CAPITULO II, a la sofística consideración delineada por la jurisprudencia de la CPCA, CSCA y de la SP/TSJ de que por ser el procedimiento de intervención de empresas no financieras que se consideren relacionadas, un proceso accesorio al proceso principal de intervención de la institución bancaria con la cual se relacionan, no opera para ellas la garantía de la audiencia previa, que no es otra cosa que la garantía constitucional al debido proceso y en particular la

---

institución bancaria intervenida o personas jurídicas vinculadas, evitando que los bienes o intereses se alteren, desaparezcan, deterioren o destruyan".

aplicación de su iter fundamental del derecho al contradictorio y a la defensa[71].

Tal pretensión de legitimar la indefensión previa a una medida como la intervención, restrictiva del derecho de propiedad y de la libertad económica de industria y comercio, resulta más paradójica en tanto y en cuanto las empresas declaradas relacionadas a una institución financiera , por mandato del legislador de la LISB, quedan sometidas al mismo régimen especial que las instituciones bancarias a las cuales se relacionen, según lo estatuye el artículo 240, régimen que comprende la audiencia previa como parte del procedimiento constitutivo o de primer grado de dicho régimen, que no es otro que el de los Mecanismos de Resolución.

Pero quizás el más grave de los inconstitucionales argumentos sobre los cuales viene soportando y justificando la SUPERINTENDENCIA el uso desproporcionado y *manu militari* de la intervención de empresas prescindiendo del debido procedimiento administrativo previo, es el de que tales intervenciones de empresas relacionadas, o a las cuales se les califica sumaria e inmotivadamente de relacionadas, es el de que se las interviene y en consecuencia se desposee a sus propietarios legítimos, tales intervenciones son necesarias para asegurar una masa económica que responda por las obligaciones y pasivos de la institución del sector bancario intervenida. En otras palabras, se interviene a las empresas declarándolas relacionadas, muchas veces forzando hasta lo absurdo la potestad de intervención, es decir declarándola sin que se hayan configurado los presupuestos normados para que la intervención proceda, para que la empresa responda por obligaciones de un tercero y no suyas y con sus propios activos, no porque tenga en su poder o posesión activos de la institución crediticia intervenida.

Por si fuera poco, además de tan absurda justificación en la que subyace la intención entonces de liquidar a la empresa, de sacrificarla al pago de los pasivos de la institución bancaria, su intervención se hace prescindiendo del procedimiento administrativo previo, dada su condición de "procedimiento accesorio".

---

[71] Criterio de ostensible inconstitucionalidad sustentado por el TSJ/SPA., en numerosos fallos, entre ellos en la sentencia de fecha 05/08/2009, expediente 2001-0776, caso Inversora Tocorapa.

En ese orden de ideas, tan confiscatorio e inconstitucional criterio es pacífico en las CPCA y CSCA, así como en la Sala Político Administrativa.

La Corte Segunda de lo Contencioso Administrativo dictó la sentencia número 2011-1952 de fecha 13 de diciembre de 2011, mediante la cual declaró Sin Lugar la acción de nulidad ejercida contra la Resolución número 310.10 que resolvió intervenir con cese de intermediación financiera a la sociedad mercantil Federal Banco de Inversión, C.A., como parte del proceso de intervención del BANCO FEDERAL, C.A[72].

En dicha decisión estableció la referida Corte, en cuanto a la denuncia por los recurrentes de la ausencia del procedimiento previo legalmente establecido, y en consecuencia, a la vulneración al derecho a la defensa, al debido proceso y a la presunción de inocencia, lo siguiente:

> ...debido a que la intervención de la empresa relacionada pareciera no sujetarse a un estado de gravedad económica de ésta (sino que —se insiste— busca asegurar, de forma efectiva, expedita y temporal, hasta tanto dure el trámite de intervención, la existencia de una masa económica susceptible de hacer frente a las obligaciones que surjan como consecuencia del procedimiento principal a que se encuentra sometido la entidad bancaria), entiende esta Corte que, siendo ese el sentido de la gestión estatal en estos casos, la implementación de medidas administrativas como requisito previo para el procedimiento de intervención no luce entonces necesario de cumplimiento en estos casos (valga destacar que el establecimiento de estas medidas preventivas luce absurdo si la institución no opera en el campo de la intermediación financiera, más concretamente, en el ámbito bancario, a sabiendas que éste es el sector que se regula por medio de la Ley General de Bancos y Otras Instituciones Financieras), y por lo tanto, no constituirían —se insiste— presupuesto de procedencia para los casos de intervención sobre grupos financieros.

Como fácilmente se observa, el criterio que asume el órgano jurisdiccional es protuberantemente inconstitucional, dado que,

---

72 TSJ/SPA, sentencia N° 00871, de 22/07/2015 exp. 2012-1240.

básicamente predica la afectación del patrimonio de un tercero, en este caso una empresa relacionada, a pagar obligaciones de una sociedad jurídica distinta, sin que la empresa necesariamente esté incursa en algún supuesto de intervención y no obstante su condición de relacionada.

A mayor gravedad, el órgano jurisdiccional confiesa que no existe una situación de disfunción o gravedad económica en la empresa y que la causa de su intervención y por tanto de la desposesión gravosa, a la larga convertida en una verdadera confiscación para sus legítimos propietarios es asegurar una masa de bienes destinada al pago de obligaciones que la empresa no ha asumido y de las cuales no es deudora; disparatado argumento por el que concluye entonces que no es necesaria la audiencia previa que le permita a la empresa defenderse. Nada puede ser más inconstitucional y transgresor de la garantía a la propiedad privada y a la libertad de empresas.

El criterio expuesto asumido por los órganos jurisdiccionales de lo contencioso administrativo, parte del falso supuesto de confundir la condición técnico-jurídica de empresa relacionada que establece de manera desglosada el artículo 64, con empresa intervenible por tal condición.

La condición de relacionada en los términos del artículo 64 no es un presupuesto que justifique la intervención administrativa de una empresa, sino un supuesto de inclusión de dicha empresa en las potestades de supervisión de la Superintendencia. Para que la empresa relacionada resulte legítimamente susceptible de intervención, una vez intervenida la institución bancaria o crediticia con la cual mantiene unidad de decisión o gestión conforme a los supuestos del artículo 64, es necesario que se encuentre incursa en operaciones ilegitimas realizadas con la institución, o que detente activos que en realidad sean de la institución o que hayan sido adquiridos con créditos otorgados en violación de las prohibiciones que la LISB impone para las personas naturales y jurídicas relacionadas o vinculadas prevista en los artículos 95 y 96 de la Ley.

De modo que resulta una grosera desviación de poder el desviar el ejercicio de la potestad de intervención por las razones expresamente previstas en la LISB, para intervenir empresas por la circunstancia no calificable per se de presupuestos de intervención de ser una empresa relacionada.

El trámite de la audiencia previa si bien no aparece expresamente prescrito para las empresas relacionadas sino para las instituciones del Sector Bancario por el artículo 243, sin embargo, puede deducirse lógicamente del texto de la misma norma, la cual es aplicable a todas las medidas a que se refiere el Titulo XI y esas medidas comprenden también la intervención y liquidación de las empresas relacionadas.

Desde una perspectiva más rigurosa, el trámite de audiencia previa se considera un trámite esencial proclamado así por la doctrina y la jurisprudencia mayoritaria, derivando en la nulidad absoluta o radical cualquier procedimiento cumplido habiendo omitido la audiencia. Esa omisión causa, a no dudarlo, indefensión dado que al separarse a los administradores de la empresa y por tanto de sus archivos, sistemas informáticos y fuentes de información, estos se verán ante la dificultad o imposibilidad de construir sus alegatos de defensa, inclusive, porque en muchos casos son desalojados de manera compulsiva de la empresa. También grave es la circunstancia de que la elusión del trámite de la audiencia previa puede provocar o generar actuaciones inadecuadas por parte de las autoridades administrativas que desconocen muchas veces la realidad operativa de la empresa[73].

La autoridad rectora y vicarial del proceso de intervención es la SUPERINTENDENCIA DE LAS INSTITUCIONES DEL SECTOR BANCARIO, la cual se encuentra dotada de una amplia potestad regulatoria para la modelación del régimen específico de intervención

---

[73] GAMERO CASADO, Eduardo (1996): La Intervención de Empresas; MARCIAL PONS, Madrid, pp 263, 64 y 265. Cita este autor el caso de la intervención de Banesto en España, en la que no se cumplió el trámite de la audiencia ante de acordar la intervención, habiendo mediado previamente inspecciones del Banco de España y repetidos requerimientos de instrucciones para que la institución adoptara las medidas adecuadas y que le permitieran superar la crítica situación financiera en al que se encontraba. Los informes del Gobernador del Banco de España revelan que la institución era consciente de que podía incoarse un expediente de intervención por no haber acatado los múltiples requerimientos que sucesivamente les fueron impuestos. Se aplica aquí la doctrina sentada por el Tribunal Supremo Español de que no habría indefensión en los procedimientos de intervención de empresas si previamente el particular fue apercibido de la necesidad imperativa de cumplir una determinada conducta, desobedeciendo con ello a la Administración.

o administración controlada que deba ser aplicado a cada institución bancaria según su particular disfunción operativa y/o patrimonial[74].

Esta práctica abusiva de intervenir empresas no financieras por el solo hecho de calificarlas de relacionadas o vinculadas, aun cuando no se demuestre que dichas empresas fueron constituidas para operar ilícitamente en negocios con una institución financiera, constituye un uso abusivo de la técnica de la despersonalización o levantamiento del velo corporativo que conduce a la confiscación de la empresa y de sus activos para afectarlos ilegalmente al pago de las deudas de la institución.

Respecto a esta práctica desnaturalizada de la despersonalización o levantamiento del velo corporativo, es menester precisar lo siguiente:

—. La potestad de levantar el velo corporativo o utilizar la técnica de la despersonalización es de estricta reserva legal, por lo cual no puede ser ejercitada por una autoridad administrativa o jurisdiccional si ella no se encuentra prevista en un texto con rango de ley.

---

[74] En el régimen jurídico para el manejo de las crisis de las instituciones bancarias de la Unión Europea, la Junta de Resolución es el órgano superior encargado de coordinar y armonizar los procesos de reestructuración y resolución de las instituciones en crisis. La Junta de Resolución es el principal órgano del MUR, siendo responsable de su funcionamiento eficaz y coherente (art. 7 del Reglamento constitutivo de MUR). La Junta de Resolución está formada por: un Director Ejecutivo, un Director Ejecutivo Adjunto, un representante de la Comisión, un representante del BCE y un representante de las autoridades nacionales de resolución (arts. 42 y 43 del Reglamento constitutivo del MUR). De este modo, en los procedimientos de resolución, la Junta de Resolución será la autoridad con mayores competencias, pero se ha previsto también la participación de la Comisión y el Consejo. GONZÁLEZ GARCÍA, J.V., "Mecanismo único de resolución bancaria. Aspectos institucionales", Revista de Derecho Bancario y Bursátil, núm. 136, 2014, Madrid, pp. 284 y ss.

La Junta se ocupa directamente de la resolución (y de la fase preventiva) de las entidades supervisadas directamente por el MUS y de las entidades transfronterizas; mientras que del resto de entidades se ocupan las autoridades nacionales de resolución, que deberán seguir las directrices de la Junta. En definitiva, para garantizar el correcto funcionamiento del mercado interior y unas condiciones competitivas equitativas, se ha previsto un paralelismo entre las entidades supervisadas por el MUS y el ámbito de aplicación del MUR. Como establece el Reglamento constitutivo del MUR, todo marco de rescate y resolución de entidades de crédito en la Unión debe regirse por la Directiva y cualesquiera actos delegados adoptados en virtud de dicha norma. Por ello, la Comisión y la Junta de Resolución deben actuar de conformidad con los requisitos de la Directiva de Reestructuración y Resolución. La Directiva regirá la planificación del rescate y la resolución, la actuación temprana, las condiciones y los principios de la resolución, así como los instrumentos de resolución adoptados por el MUR.

—. La potestad de levantar el velo corporativo o de utilizar la técnica de la despersonalización por la autoridad que haya sido habilitada legalmente, excluye la posibilidad de ejercicio discrecional de tal potestad, en virtud de que la misma incide sobre la libertad constitucionalmente garantizada de asociación y sobre la libertad de empresa, limitándolas. Tal exclusión de la discrecionalidad en el uso de estas técnicas ha sido declarada de manera tajante por el TSJ. Así, la Sala Constitucional en sentencia N° 329 de 4 de mayo de 2000 estableció:

> ... De las normas antes transcritas se puede colegir, que las mismas consagran la libertad económica no en términos absolutos, sino permitiendo que mediante la ley se dispongan limitaciones. Sin embargo, debe destacarse que ello no implica ejercicio alguno de poderes discrecionales por parte del legislador, el cual, no podrá incurrir en arbitrariedades y pretender calificar por ejemplo, como "razones de interés social" limitaciones a la libertad económica que resulten contrarias a los principios de justicia social, ya que, si bien la capacidad del Estado de limitar la libertad económica es flexible, dicha flexibilidad existe mientras ese derecho no se desnaturalice. En este mismo sentido debe entenderse que cuando la norma transcrita se refiere a las limitaciones a dicho derecho, y señala sólo "las previstas en esta Constitución y las que establezcan las leyes..." no puede interpretarse que la Constitución establezca garantías cuya vigencia pueda ser determinada soberanamente por el legislador ya que todos los derechos subjetivos previstos en la Constitución son eficaces por sí mismos, con independencia de la remisión legal a la que pueda aludir la Constitución. Lo que la Ley Fundamental ofrece es un "estatuto completo de la libertad, efectivo por sí mismo, no necesitando de ningún complemento para ser operativo inmediatamente" (E. García de Enterría, citado por Linares Benzo, Gustavo, en su ponencia "Lo que la Libertad Económica saca del Juego" en el IV Congreso Venezolano de Derecho Constitucional).

—. Constituyen dos presupuestos distintos el representado, por una parte, por la condición de empresa vinculada en aplicación de los presupuestos enunciados por el artículo 64 de la LISB, específicamente los establecidos en los numerales 1, 2 y 3, este último en su primera parte; y por la otra, la situación que se presenta con aquellas empresas vinculadas entre si respecto de las cuales se dé un fraude a la ley dado que:

> ...existan fundados indicios de que con la adopción de formas y procedimientos jurídicos adoptados a derecho, se han utilizado como medio para eludir las prohibiciones de este Decreto con Rango, Valor y Fuerza de Ley, o disminuido la responsabilidad patrimonial de los negocios realizados con el respectivo ente.

En el primer caso, es decir, en aquellos casos de empresas que puedan calificarse de vinculadas o relacionadas a una institución financiera, las mismas no se encuentran prohibidas por el ordenamiento jurídico sectorial bancario, sino, situación distinta, tal ordenamiento prevé su calificación como vinculadas o relacionadas a los efectos de establecer una serie de restricciones y operaciones prohibidas con tales empresas, con el objeto de limitar los riesgos operativos de la institución bancaria y de evitar la concentración de créditos y la desviación de sus efectos multiplicadores, tal y como se prevé en el artículo 96 que enuncia las prohibiciones que tienen las instituciones bancarias de efectuar operaciones con personas naturales o jurídicas vinculadas directa o indirectamente con la administración o propiedad de la institución, personas estas enunciadas por el ya mencionado artículo 64 y por el propio articulo 96; pero jamás declara la LISB ilícita tal condición de empresas vinculadas o relacionadas, salvo, la segunda parte del numeral 3 del artículo 64.

En este orden de ideas, una cosa es la condición de empresa relacionada o vinculada, que perfectamente puede ser constituida en ejercicio de la libertad constitucional de asociación y de ejercicio de la libertad de empresa, previstas en los artículos 52 y 112 constitucional, y no existiendo prohibición expresa para su constitución en la LISB; y otra cosa muy distinta es cuando tales empresas se constituyen para eludir prohibiciones legales o disminuir responsabilidad frente a terceros. En el primer caso, la mera condición de relacionada o vinculada no justifica su despersonalización para ser intervenida, repetimos, a menos que se compruebe por la autoridad competente que ha realizado negocios ilícitos o mantiene deudas o posee activos de la institución bancaria a la cual se encuentra vinculada o relacionada; mientras que en el segundo caso, es precisamente el uso abusivo con fines fraudulentos de la personalidad jurídica el que justifica el uso de la potestad de despersonalización o levantamiento del velo corporativo para declararla primero como relacionada y luego proceder a su intervención. Insistimos, si no se ha dado un uso abusivo y fraudulento a la personalidad jurídica de las empresas relacionadas o vinculadas, tal y como está previsto en la segunda parte del numeral 3 y en el aparte cuarto del artículo 64, estas pueden ser declaradas tales, pero jamás se justificaría su intervención administrativa automática por tal condición y menos su liquidación.

b´. *Supuestos que dan lugar a la intervención administrativa*

Las causas o presupuestos que dan lugar a la intervención se encuentran tasadas en el artículo 247 de la Ley.

Artículo 247

De la Intervención

Son causales de intervención de una institución del sector bancario:

1. *La suspensión del pago de sus obligaciones;*
2. *Incumplir durante la vigencia de las medidas administrativas con los compromisos asumidos en el plan de recuperación convenido o con lo dispuesto por la Superintendencia de las Instituciones del Sector Bancario;*
3. *Cuando el capital social sea menos de la mitad del requerido para cada tipo de institución en los artículos 12, 13 y 14 del presente Decreto con Rango, Valor y Fuerza de Ley;*
4. *Pérdida o reducción de más del cincuenta por ciento (50%) capital social;*
5. *La no reposición del capital social exigido por la Superintendencia de las Instituciones del Sector Bancario;*
6. *Cuando no sea posible la aplicación de los mecanismos de transferencia.*

7. *Cuando las medidas administrativas impuestas no fueren suficientes para resolver las situaciones que las motivaron.*

c´. *Régimen especial de la intervención administrativa*

El régimen especial de intervención administrativa aplicable a las instituciones del sector bancario consiste pues en mantener a la institución bancaria bajo la administración de un administrador o junta administradora designada por el Estado por órgano de la SUPERINTENDENCIA como alta policía bancaria que declara la intervención, con el objeto tajantemente predicado por la LISB de *"...garantizar que la institución conserve su giro comercial con el fin de que adecúe su actividad a las instrucciones impartidas por la Superintendencia de las Instituciones del Sector Bancario y supere la situación en la cual se encuentra"*, según lo estatuye el artículo 251, obviamente si ello es financieramente posible.

Idéntico sentido finalístico de la medida de intervención es enunciado por el artículo 253, dejando claro que tendencialmente y en principio la intervención es una medida literalmente de saneamiento, conservación y recuperación de la empresa bancaria, y no ablatoria o extintiva.

En este orden de ideas, entonces, la medida administrativa de intervención bancaria, en principio, no tiene sustancialidad ni efectos expropiatorios, ablatorios, confiscatorios o de transferencia patrimonial normativa o legalmente previstos o establecidos, primando en su núcleo duro el Principio de conservación de la empresa bancaria intervenida.

En efecto, en particular el efecto ablatorio o de extinción del derecho de propiedad privada originario sobre un sustrato patrimonial bancario, solo podría sobrevenir una vez que ya intervenida la institución y luego de una evaluación desde adentro de su completa situación patrimonial, los administradores designados por la SUPERINTENDENCIA determinen que no es rehabilitable; entonces es que procedería, mediante un acto posterior a la intervención, la declaratoria del mecanismo extraordinario de transferencia, o la liquidación administrativa sustitutiva de un proceso concursal en sede jurisdiccional, liquidación que normalmente se materializa o ejecuta mediante una subasta pública y en la cual ya FOGADE es el titular accionario de la institución declarada previamente en liquidación por la SUPERINTENDENCIA.

Esta condición no ablatoria connatural a la sustancialidad de la medida administrativa de intervención y su objetivo finalístico de rehabilitación, son tradicionales en nuestra legislación bancaria. Así, por ejemplo, la Ley General de Bancos y Otras Instituciones Financieras de 19/11/1993 y la Ley de Regulación Financiera de 22/10/1999 consagraban la medida administrativa de intervención como una medida caracterizada y restringida a la imposición de un régimen de administración controlada sumario y breve, dentro de cuyo ejercicio podía sobrevenir un acto de traspaso accionario a favor de FOGADE y por tanto de disposición de los activos y pasivos de la institución intervenida, sólo en el caso de haberse producido además el otorgamiento de auxilio financiero por parte de FOGADE según lo estatuido en el artículo 231 y siguientes de la Ley General de Bancos y Otras Instituciones Financieras mencionada.

En el caso de la Ley de Regulación Financiera de 1999, ésta mantuvo su congruencia hermenéutica con sus precedentes, la Ley Especial de Protección a los Depositantes y de Regulación de la Emergencia en las Instituciones Financieras de 10/03/1994, la cual se limitaba en sus artículos 16, 17, 19 , 20 y 21 a establecer y precisar el alcance de las facultades que corresponden a los interventores y la carga de información que los mismos deben cumplir, sin habilitar ninguna competencia o gestión ablatoria respecto al patrimonio de la institución intervenida, salvo el caso en que dicha institución hubiere recibido auxilio de FOGADE, o en el caso de una pérdida patrimonial que justificare la liquidación de un activo o activos específicos; pero nunca la subasta o liquidación del total del activo social o sustrato patrimonial; y con la Ley de Regulación de la Emergencia Financiera de 17/04/1996, que en su artículo 18 diferenciaba entre el ente intervenido y aquel que hubiera pasado a ser propiedad del sector público con motivo del auxilio recibido, así como por la remisión conceptual e instrumental de su artículo 19 al artículo 254 de la LGBIF de 1993.

De manera que tanto en la tradición normativa del sector bancario, como en su sustancialidad finalística, la intervención administrativa persigue rehabilitar y preservar la titularidad privada de la institución saneada. Por ello, bajo el régimen establecido en la Ley General de Bancos y Otras Instituciones Financieras de 1993, el Estado Venezolano por órgano de FOGADE podía adquirir la disponibilidad de activos de una institución financiera intervenida sólo en 3 casos concretos:

—. Declarada la liquidación administrativa de la institución financiera de conformidad con los presupuestos y procedimientos previstos en los artículos 260, 261, 262 y 263 de la LGBIF, en concordancia con el procedimiento especial previsto en los artículos 26 al 40 de la Ley de Regulación Financiera de 1999;

—. Otorgado auxilio financiero por FOGADE por problemas graves de liquidez, en aquellos casos en que la institución financiera receptora del auxilio no se encontrare subsumida en ninguno de los supuestos que dan lugar a la intervención o liquidación administrativa, y el crédito constitutivo del auxilio hubiere sido garantizado con activos del banco o institución auxiliada, y ante el incumplimiento se produjere la cesión del activo a FOGADE o la ejecución por este de la garantía, todo de conformidad con lo dispuesto en el artículo 229 de la LGBIF; en cuyo caso la subasta posterior que hiciese FOGADE de tales activos se regía complementariamente por el procedimientos especial previsto en los artículos 26 al 40 de la Ley de Regulación Financiera de 1999 y;

.— Otorgado auxilio financiero por FOGADE a bancos o instituciones financieras que hubieren sido objeto de intervención y a los fines de restablecer su solvencia, mediante las dos modalidades de adquisición de activos de la institución auxiliada establecidas en el artículo 230 de la LGBIF y en concordancia con lo dispuesto en el artículo 231 eiusdem; debiendo aplicarse para la subasta de estos activos adquiridos por FOGADE el procedimiento especial previsto en los artículos 26 al 40 de la Ley de Regulación Financiera de 1999.

De manera que, no solo en solución de continuidad con tal concepción, sino sustancialmente en atención a su sentido lógico e instrumental como técnica de actuación del Poder Público, la intervención administrativa establecida en el artículo 247 no puede ser interpretada ni extendida como un acto ablatorio, de desposesión terminal y mucho menos confiscatorio a favor del Estado o de terceros interesados —acreedores por ejemplo—, sino como una medida que no incide en la titularidad de los elementos patrimoniales de la institución financiera a la cual se imponga, sino en las condiciones de ejercicio de los derechos que corresponden a los accionistas y administradores de la institución por intermedio de sus órganos societarios naturales[75].

Un límite fundamental derivado del Principio de proporcionalidad y razonabilidad y de la propia delimitación normativa de la intervención que hace la LISB, es que no podría ejecutarse como parte de la intervención una enajenación total del activo social o su liquidación, aun cuando al administrador o administradores designados se les confieran en la respectiva resolución que dicte la SUDEBAN las más amplias facultades de administración y disposición, control y vigilancia de la empresa y de sus bienes, de conformidad con lo previsto en el artículo 242, y aun cuando pueden efectivamente enajenar activos previa autorización del ente regulador, tal y como lo habilita el aparte único del artículo 249, e inclusive proceder por decisión del Presidente de la República al pago de los depósitos sociales, según lo dispuesto en el artículo 250.. Para enajenar la totalidad del activo social o acordar cualquier medida que haga sobrevenidamente inviable el funcionamiento de la institución u obligue a su liquidación es indispensable que se pase del régimen de intervención a la liquidación o al MET mediante el correspondiente acto administrativo motivado y declarativo de tal circunstancia.

De manera que declarada la intervención y en curso el Plan de Rehabilitación, el administrador o administradores, ante la factibilidad cierta de ser recuperable el giro comercial de la institución intervenida, no debe ni puede en legítimo derecho ejecutar actos que supongan propiciar u obligar a la liquidación de dicha institución, dado que ello violaría el fin reglado de la intervención que estatuyen los artículos 251 y 253 y que no es otro que la recuperación de su giro comercial normal en el menor tiempo posible, constituyendo las

---

75 MARTIN RETORTILLO, Sebastián: *Derecho Administrativo Económico*, Editorial La Ley, Madrid 1991, pp. 203, 204, 205, 206 y 207.

actuaciones que violen este fin reglado un claro caso de desviación de poder que viciaría dichos actos convirtiéndolos en actos de ilegal ejecución.

d´. *La intervención administrativa como medida de rehabilitación de la institución o como medida de extinción*

A pesar del claro y reglado predicado finalístico que los artículos 251 y 253 de la LISB asignan a la intervención como una régimen extraordinario de administración controlada, dirigido a que la institución bancaria recupere su giro comercial y quede rehabilitada y reincorporada al mercado o sector bancario; sin embargo la LISB, de manera inexplicable, contradictoria e incongruente, le otorga también a la intervención el efecto de preceder causalmente la extinción de la institución, es decir, le atribuye como consecuencia natural culminar produciendo la liquidación de la institución, lo cual resulta irreconciliable con el sentido finalístico que hemos puesto de relieve.

Así, el artículo 248 establece que la intervención tendrá una duración de 90 días, prorrogables por una sola vez y por un período igual. Para luego disponer que "*Transcurrido dicho plazo se dictará la correspondiente resolución de disolución de la institución, iniciándose el respectivo proceso de liquidación*".

De forma todavía más farragosa, el artículo 252 establece que a los 60 días continuos, contados a partir de la publicación en la Gaceta Oficial de la resolución de intervención, el administrador o la junta administradora, según sea el caso, presentará a la SUPERINTENDENCIA "*...un informe mediante el cual se sugiera la liquidación de la institución del sector bancario o persona jurídica vinculada, en caso contrario recomendará su rehabilitación...*". Tal disposición coincide con la acogida por el artículo 28 de la Resolución 209.11 que, de la misma manera, plantea como primera alternativa que el informe final de intervención "*sugiera*" la liquidación de la institución.

¿Cómo pueden reconciliarse estas dos posturas antitéticas, con la de los artículo 251 y 253 que proclaman como sentido finalístico la aplicación de la medida de intervención para sanear y rehabilitar a la institución y que esta recupere su giro comercial; y la de los artículos 248 y 252 y la de la Resolución 209. 11, que declaran la procedencia automática de liquidar al término de la intervención, y como contenido del informe que debe presentar el administrador o la junta administradora designada, a los 60 días de publicada la resolución de intervención?

A juicio nuestro, deben primar en la respuesta a la interrogante que antecede, dos premisas fundamentales: La plena vigencia en nuestro ordenamiento sectorial bancario del principio de conservación de la empresa como un postulado garantista de la libertad de empresa; y la naturaleza rehabilitatoria de la propia medida de intervención de instituciones bancarias.

Respecto a la primera premisa, definitivamente los artículos 251 y 253, al acoger como sentido finalístico de la intervención, la recuperación del giro comercial y la rehabilitación de la institución, traducción subyacente o implícita del principio de conservación de la empresa, reconocen la doble vertiente del interés público tutelado por la Administración sectorial bancaria: así como el interés en proteger la confianza de los ahorristas, depositantes y terceros, en la institución y en el sistema bancario, justifica la liquidación de una institución insolvente y la implementación de un seguro de depósitos u otras medidas compensatorias; de la misma forma, se justifica el mantenimiento y rehabilitación de una institución que trasciende el interés de sus componentes, para afectar a terceros y al interés general. No en vano ha señalado FERNANDEZ CALERO que:

> ...la eliminación de la empresa -en particular cuando esta tiene un determinado volumen-entraña un daño elevado no sólo para el empresario, sino para los trabajadores y acreedores. Estos intereses son tan amplios o aparecen tan difusos, que se considera que afectan a la economía nacional. Siguiendo esta línea de pensamiento, se insiste en la necesidad de subsistencia o de permanencia de la empresa[76].

En el mismo orden de ideas, privilegiar la liquidación automática como finalización normal de la intervención constituye una violación al principio de razonabilidad y al principio de proporcionalidad, violación que se traduciría en la descomposición estructural de la medida de intervención como idónea y necesaria, para transformarla

---

[76] SÁNCHEZ CALERO, Fernando (1981): *El Fondo de Garantías de Depósitos Bancarios;* RDBB, n 1, p. 15, Madrid. Vid igualmente: GAMERO CASADO, Eduardo (1996): *La Intervención de Empresas. Régimen Jurídico – Administrativo.* Marcial – Pons, Madrid.

en una medida oficiosa si al final, habiendo sido eficiente en el saneamiento el proceso y la gestión interventoras, de todas formas se condena a muerte a la institución.

De otra parte, estimamos que si habiendo sido eficiente, idónea y suficiente la medida de intervención de la institución a los efectos de su recuperación, se declarase a su término o se declarase su término, para pronunciar la liquidación, habría una flagrante desviación de poder por parte de la autoridad supervisora, y el acto que así la declare sería un acto de ilegal ejecución y por tanto viciado de nulidad absoluta por resultar perfectamente subsumible en la previsión del artículo 19.3 de la Ley Orgánica de Procedimientos Administrativos dado que en adición habría una grosera transgresión no solo de las garantías constitucionales tantas veces mencionadas, sino también del Principio de Razonabilidad y del de Proporcionalidad ínsito en el artículo 12 de la LOPA.

En efecto, en tanto el órgano administrativo, recurra a invocar o utilizar la competencia formal atribuida normativamente para una actuación específica, con el objeto, con la intención o con la consecuencia de obtener o conseguir un fin distinto al previsto hipotéticamente por la norma en cuestión, habría desviación de poder.

Nuestro Máximo Tribunal, en jurisprudencia reiterada, ha establecido el contenido sustancial del vicio de desviación de poder. Así en Sala Constitucional, en sentencia 00051 de 03/02/2004, caso *Makro Comercializadora S. A. vs MPP de Industria y Comercio (Resolución 099)*, estableció:

> …La Sala mediante sentencia No. 01722, de fecha 20 de julio de 2000, (caso: José Macario Sánchez Sánchez vs. Ministerio de Justicia), estableció lo siguiente:
>
> (...) la Sala reiteradamente ha establecido sobre el vicio de desviación de poder, que es una ilegalidad teleológica, es decir, que se presenta cuando el funcionario, actuando dentro de su competencia dicta un acto para un fin distinto al previsto por el legislador; de manera que es un vicio que debe ser alegado y probado por la parte, sin que pueda su inactividad ser subsanada por el juzgador.

Por lo tanto, se entiende que la Administración incurre en el vicio de desviación de poder, cuando actúa dentro de su competencia, pero dicta un acto que no esté conforme con el fin establecido por la Ley, correspondiendo al accionante probar que el acto recurrido, como ya ha sido señalado, persigue una finalidad diferente a la prevista a la Ley.

Lo anterior implica, que deben darse dos supuestos para que se configure el vicio de desviación de poder, a saber: que el funcionario que dicta el acto administrativo tenga atribución legal de competencia y que el acto haya sido dictado con un fin distinto al previsto por el legislador; además, estos supuestos deben ser concurrentes.

Al respecto, cabe señalar que la desviación de poder es un vicio que afecta la finalidad del acto administrativo, y se produce fundamentalmente cuando la actuación de la Administración persigue un fin distinto al querido por el legislador al establecer la facultad de actuar del órgano administrativo[77].

---

[77] El elemento fin del acto administrativo se determina como respuesta a la pregunta *"para que"*, dado que el acto administrativo se dirige siempre a una finalidad objetivamente predeterminada por la norma: el interés público o el interés del servicio público.

La consagración del fin como elemento esencial del acto administrativo fue una vez más parte de la labor pretoriana y de filigrana del Consejo de Estado Francés, en su insistencia por someter la actuación administrativa al principio de legalidad. De manera que, una vez admitidos como motivos de anulación de los actos administrativos la incompetencia y los vicios de forma, se pasó a exigir a la administración pública la preservación de la relación causal entre el ejercicio de sus poderes o potestades y el fin estatuido dogmáticamente por la norma como sentido práctico de tal ejercicio. La ruptura de esa relación causal produjo en la jurisprudencia del Consejo de Estado la decantación de una nueva fórmula o vicio de nulidad llamado *detournement de pouvoir.*

Así las cosas, constituye desviación de poder el ejercicio de potestades administrativas para fines distintos de los fijados por el ordenamiento jurídico, y se configura este vicio cuando la administración se aparta del fin concreto que la norma le impone como condición operativa para habilitar el ejercicio de la potestad correspondiente.

La desviación de poder es, no obstante la división de opiniones doctrinarias y atendiendo a su caracterización:

—. un vicio de estricta legalidad, en cuanto supone, por una parte, la violación de la ley por intermedio de la desnaturalización o desconocimiento del fin que esta le impone como contenido dogmático al ejercicio de la potestad, y;

—. por la otra, su declaratoria de procedencia no tiene por qué comprender el examen de la moralidad del funcionario o de la Administración, sino tan sólo la legalidad que debe enmarcar toda actuación administrativa.

Por ello, la LOPA en su artículo 12, establece que "aun cuando una disposición legal o reglamentaria deje alguna medida o providencia a juicio de la autoridad competente, dicha medida deberá mantener la debida proporcionalidad y adecuación con el supuesto de hecho

De manera que no resulta congruente con la naturaleza de la medida administrativa de intervención, ni con el sentido finalístico o teleológico que le otorgan los artículos 251 y 253, atribuirle como consecuencia final automática la declaración sumaria de proceder la liquidación[78].

e´. *¿La intervención administrativa es una medida secuencial, subsidiaria o alternativa?*

Dispone el artículo 183 de la LISB que de no ser aprobado el plan de recuperación, o en caso de incumplimiento por parte de la institución del sector bancario de cualquier operación o plazo contemplado en dicho plan, o incumplimiento de las medidas administrativas impuestas, o la reincidencia en cualquiera de las causales previstas en el artículo 180, la Superintendencia de las Instituciones del Sector Bancario, implementará mecanismos extraordinarios de transferencia, a que se refiere el artículo 245 de la Ley, o la intervención, si fuere procedente, de acuerdo con el artículo 247.

A su vez, el artículo 247 establece que la intervención de una institución del sector bancario procede, entre otras causas, cuando no sea posible la aplicación de los mecanismos extraordinarios de transferencia o cuando las medidas administrativas impuestas no fueren suficientes para resolver las situaciones que las motivaron[79].

---

y con los fines de la norma, y cumplir los trámites, requisitos y formalidades necesarios para su validez y eficacia".

La Administración está obligada a adecuar la medida adoptada al fin de la norma, es decir, a la razón en virtud de la cual la norma le confiere el poder jurídico de actuación.

78 HÜPKES, E., "Insolvency - Why a Special Regime for Banks", en Current Developments in Monetary and Financial Law, vol. 3, International Monetary Fund, Washington, 2003, pp. 471-514; CAMPBELL, A. y LASTRA, R.M., "Definition of bank insolvency and bank insolvency proceedings", en LASTRA, R.M. (ed.), Crooss-Border Bank Insolvency, Ed. Oxford University Press, 2011, pp. 26-56. 3 GÓMEZ DE MIGUEL, J.M., "Ante los bancos en crisis: ¿continuidad o liquidación? o ¿cómo asegurar los intereses públicos?", en Mecanismos de prevención y gestión de futuras crisis bancarias, Fundación de Estudios Financieros, Papeles de la Fundación, núm. 42, Madrid, 2011, pp. 120. (Disponible en http://www.fef.es/new/publicaciones/papeles-de-la-fundacion/item/158-42- mecanismos-de-prevención-y-gestión-de-futuras-crisis-bancarias. html).

79 Hasta 2014, la regulación de la UE sobre gestión de crisis bancarias estaba contenida en la Directiva 2001/24/CE del Parlamento Europeo y del Consejo, de 4 de abril de 2001 relativa al saneamiento y a la liquidación de las entidades de crédito. (DOUE núm. 125, de 5 de mayo de 2001). Esta Directiva se limitaba a establecer ciertos elementos de coordinación en la gestión

Lo primero que llama la atención de la hermenéutica de estas dos normas es la circunstancia de que si el Organismo Supervisor considera que procede la aplicación del mecanismo extraordinario de transferencia, que supone el traspaso de todos los activos y pasivos que conforman el patrimonio de la institución sometida a las medidas, es porque su situación de insolvencia, liquidez o irregularidades operativas —gerenciales o administrativas— son de tal gravedad, que impiden su rehabilitación y que, por tanto, justifican su liquidación sumaria, que es el efecto connatural a la aplicación de dicho mecanismo de transferencia, según lo dispone el artículo 246.

Ello así, pareciera que las normas mencionadas privilegian el mecanismo extraordinario de transferencia por sobre la intervención, inclusive bajo el postulado de procedencia ilícito de que si la institución es rehabilitable y pudiera recuperar su giro comercial, siendo sin embargo las medidas impuestas insuficientes, debería aplicarse el régimen especial de intervención, que persigue precisamente optimizar la administración controlada de la institución para que esta se recupere; y no el mecanismo extraordinario de transferencia y posterior liquidación.

En el orden de ideas expuesto, nos encontramos ante una incongruencia profunda, en virtud de la cual, resultando las medidas administrativas impuestas insuficientes, pero siendo técnicamente rehabilitable la institución, la SUPERINTENDENCIA podría escoger

---

de crisis de entidades con actividad transfronteriza. Directiva 2014/59/UE del Parlamento Europeo y del Consejo, de 15 de mayo de 2014, por la que se establece un marco para la reestructuración y la resolución de entidades de crédito y empresas de servicios de inversión, y por la que se modifican la Directiva 82/891/CEE del Consejo, y las Directivas 2001/24/CE, 2002/47/CE, 2004/25/CE, 2005/56/CE, 2007/36/CE, 2011/35/UE, 2012/30/UE y 2013/36/UE, y los Reglamentos (UE) n ° 1093/2010 y (UE) n ° 648/2012 del Parlamento Europeo y del Consejo (DOUE núm. 173, de 12 de junio de 2014).

La UE ha establecido un conjunto de procedimientos e instrumentos destinados a gestionar las crisis de las entidades de crédito, contenidos en la Directiva por la que se establece un marco para la reestructuración y la resolución de entidades de crédito y empresas de servicios de inversión. Al igual que ha sucedido en otros ámbitos de la respuesta regulatoria a la crisis financiera, el régimen de gestión de crisis de entidades de crédito diseñado por la UE viene determinado por los acuerdos del Financial Stability Board (FSB) como organismo especializado, en materia de regulación financiera, constituido en el seno del G-2014. En este ámbito, en octubre de 2011, se aprobó el documento Key Atributes of Effective Resolution Regimes for Financial Institutions, en el que se consagran los elementos esenciales para el diseño de instrumentos eficaces de gestión de crisis bancarias. Tal y como se establece en la Exposición de Motivos de la propuesta de Directiva sobre Reestructuración y Resolución Bancaria 16, su regulación está inspirada directamente en los principios aprobados por el FSB.

no rehabilitar aplicando la medida de intervención para optimizar o potenciar el efecto de las medidas primarias, sino liquidar a la institución; lo cual supone una grave violación a la libertad de empresa, al derecho de propiedad y a los principios de razonabilidad y proporcionalidad.

En efecto, la intervención administrativa prevista en nuestra LISB no es procedimiento especial de expropiación forzosa porque no implica la traslación coactiva de la propiedad privada sobre la institución hacia el dominio público, a menos que se declare la liquidación y el Estado adquiera la institución o a la empresa relacionada respectiva. En el mismo orden de ideas tampoco puede afirmarse que se produzca una expropiación de la facultad de administración de los órganos societarios naturales de la institución, dado que la desposesión temporal que caracteriza a la intervención tiene por objetivo su rehabilitación y la restitución de la posesión, restitución que es extraña e incompatible con la figura de la expropiación forzosa.

Si tuviéramos que hacer una comparación dela figura de la intervención de instituciones financieras, esta institución se asemejaría más, siguiendo a ESCRIBANO COLLADO, a una ocupación temporal, en el entendido de considerarla una medida cautelar propia del concepto de policía administrativa[80], ocupación que perfectamente pueda finalizar, a diferencia de la expropiación, con la restitución de la posesión a los propietarios de la institución intervenida.

Este deslinde entre expropiación e intervención es posible solo si de conformidad con los artículos 251 y 253 de la LISB se entiende el sentido originario y primario de rehabilitación que persigue la intervención allí definida, sentido que traduce la sustancia de la intervención como una restricción a la libertad de empresas y no como un extinción ni afectación al derecho de propiedad, en virtud de que la intervención no pretende incidir y modificar la titularidad patrimonial de la empresa, sino influir sobre la gestión y la administración que se viene dando a sus actos, activos y componentes.

---

80 Vid: ESCRIBANO COLLADO, P.: Ocupación temporal; RAP n° 57, pp. 59 ss.; GARCIA ALVAREZ, G. (1995): Ocupación Temporal; EJB, Tomo III, Madrid, Civitas.

f´. *¿Cómo se "fraguan" supuestos ilícitos de intervención por un organismo supervisor? La mala fe de la Autoridad Administrativa*

Aun cuando en el ordenamiento jurídico público y específicamente en la Administración Pública y en toda actuación administrativa, rigen los Principios de Confianza Legítima y de Buena Fe, así como el resto del catálogo axiológico que hemos desgranado a lo largo de este estudio, tal y como lo imponen los artículos 141 constitucional y 10 de LOAP; lo cierto es que preocupa que en varios casos en los últimos años se viene aplicando por el Organismo Supervisor un patrón de fundamentación de intervenciones de instituciones bancarias y de empresas a las cuales se declara relacionadas, que constituyen flagrantes violaciones a garantías constitucionales y a preceptos y principios técnicos fundamentales que rigen la operatividad de las instituciones bancarias.

Si tuviéramos que esquematizar, las desviaciones analíticas y "errores" técnicos que han permitido intervenir a un gran número de instituciones bancarias y empresas en los últimos 15 años en Venezuela, algunas injustamente, el catálogo comprendería al menos las siguientes prácticas y apreciaciones contables dañinas a la institución bancaria:

1. La reclasificación injustificada de la cartera de créditos de la institución. Es quizás la estrategia más frecuente para "abrir" una enorme brecha patrimonial y poder, generando la reclasificación masiva de los créditos que conforman la cartera, exigir unos requerimientos de provisión específica y genérica[81],

---

[81] La Resolución 009-1197 de 28/11/1997 contentiva de las Normas para la clasificación del riesgo en la cartera de crédito y cálculo de provisiones, define la Provisión Individual como aquella que la SUDEBAN asigna a los créditos de un determinado deudor, producto de multiplicar el saldo de sus créditos por el monto de la Provisión individual correspondiente a la categoría de riesgo en la que ha sido clasificado. Mientras que la Resolución 009-1197 define a la Provisión Genérica como aquella que se calcula mensualmente para cubrir los riesgos generales de la cartera de créditos de acuerdo al Manual de Contabilidad dictado por la SUPERINTENDENCIA. El cálculo de las provisiones específicas y genéricas se hace

muchas veces imposibles de cumplir por las instituciones sometidas* a inspección. Así, créditos clasificados

---

diferenciadamente sobre las carteras de créditos comerciales, créditos al consumo y créditos hipotecarios, según lo prescribe el artículo 8 de la Resolución.

Artículo 13. A los fines de constituir las provisiones individuales para los créditos comerclales, incluyendo los arrendamientos financieros. se establecen las siguientes categorías de riesgo:

* **Categoría A. Créditos de Riesgo normal**: Se asigna esta clasificación a los deudores que hayan cumplido a cabalidad con los términos de la obligación. y cuyos flujos ordinarios de caja y de ingresos propios permitan presumir que su comportamiento no variará desfavorablemente, o que dispongan de garantías fácilmente liquidables y de suficiente cobertura. o podrá incluirse en esta categoría a los prestatarios que no posean las características antes señaladas. Para los créditos otorgados a deudores clasificados bajo esta categoría no será necesaria la constitución de pro visiones individuales.

Categoría B. Créditos de Riesgo Potencial: Esta categoría comprende a los prestatarios. cuyos créditos. no obstante estar vigentes o al corriente en sus pagos. una parle del rédito puede ser irrecuperable. Igualmente incluye a los deudores de créditos que. aun cuando estén vigentes. presenten algún incumplimiento ocasional respecto a las condiciones en que originalmente fueron otorgados. causado por situaciones que afecten al deudor o al proyecto financiado en forma transitoria o falta de alguna de la información financiera requerida en los expedientes de créditos que se considere necesaria para evaluar el crédito. En esta categoría se deben ubicar también aquellos deudores con problemas para generar los recursos propios que le permitan pagar sus créditos. Pudiendo, incluso presentar réditos vencidos. A los créditos otorgados a deudores clasificados bajo esta categoría se les debe constituir una provisión individual no menor del tres por ciento (3 %).

Categoría C. Créditos de Riesgo Real: En esta categoría se incluye a los prestatarios que manifiesten deficiencias en su capacidad de pago determinadas por insuficiencias en los flujos de ingresos o de utilidad operaclonal. que den señales claras de que existen dificultades ciertas para dar cumplimiento al pago de capital o intereses. lo que implica el atraso en el pago de sus obliga iones. o prórroga en e l pago de todo o parte de su deuda. Asimismo. en esta categoría se presentan los deudores con insuficientes garantías. ya sea por la dificultad de las mismas de hacerse líquidas o porque su valor esperado en caso de ejecución sea menor que los montos de los créditos garantizados. En esta categoría también se incluirán los deudores respecto de los cuales no existe suficiente información financiera o esta es de dudosa confiabilidad o de difícil comprobación. Las pérdidas esperadas de estos crédito s son iguales o superiores al cinco por ciento (5%) e inferiores al treinta por ciento (30%) del crédito. A los créditos otorgados a deudores clasificados bajo esta categoría se les debe constituir una provisión individual no menor del quince por ciento (1 5%).

Categoría D. Créditos D. Alto Riesgo: En esta categoría se clasifican los deudores respecto de e yos crédito s se espera una recuperación parcial. lo que implica la pérdida de une parle significativa de los m1smos. por presentar el prestatario una difícil situación financiera y no generar ingresos suficientes que le permitan e l pago de la deuda. produciéndose prórrogas de los vencimientos o capita lizaciones de todo o parle de los montos adeudados. sin que existan posibilidades ciertas de revertir el continuo deterioro en sus flujos de ingresos y en su patrimonio. En esta categoría se incluyen además. los prestatarios respecto de los cuales se ha iniciado la cobranza extrajudicial o judicial y se espera Que de la liquidación de sus activos y/o de las garantías constituidas, quedará un remanente sin cobrar. También se incluyen, en esta categoría los deudores. en situación de atraso, cuya fuente de pago de los créditos otorgados está. condicionada a los ingresos generados por terceros, los cuales a su vez presentan serias dificultades. lo que genera incertidumbre con respecto a la recuperación del crédito otorgado. El pago de capital o intereses que pueda efectuar un prestatario con recursos provenientes de créditos otorgados por la misma institución financiera a otras

originariamente en las categoría A y B, son reclasificados y* llevados por el Organismo Supervisor a las categorías C, D y E,

---

personas relacionadas con el deudor no justifica su clasificación en una categoría de riesgo de nivel menor. Las perdidas esperadas de esos créditos fluctúan entre un treinta por ciento (30%) y un noventa por ciento (90%. A los créditos otorgados a deudores incluidos en esta categoría se les debe constituir una provisión individual no menor al (90%).

* **CATEGORÍA E. CREDITOS IRRECUPERABLES.** En esta categoría se incluyen los deudores cuyos créditos se consideran irrecuperables o de tan escaso valor de recuperación que su mantenimiento en el balance no se Justifica. Corresponden a esta categoría los prestatarios de reconocida insolvencia que presenten graves problemas operacionales y financieros. que se encuentren en mora con respecto al pago de sus obligaciones. Que enfrenten cobros judiciales por parle de sus acreedores y que su actividad productiva esté paralizada o muy limitada. Las garantías constituidas por los créditos otorgados sean insuficientes, de difícil liquidación o existen acreedores preferenciales que las limitan.

Las perdidas esperadas de estos créditos, superan el noventa por ciento (90 %) del crédito.

A los deudores clasificados bajo esta categoría se les debe constituir una provisión individual no menor del noventa y cinco por ciento (95%).

La situación excepcional de la clasificación de riesgo en tiempos de pandemia

En la Gaceta Oficial N° 41.965, fechada 15 de septiembre de 2020, la Superintendencia de Instituciones del Sector Bancario publico las «medidas de carácter temporal para la evaluación de la cartera de créditos, la Constitución de Provisión por Categoría de Riesgos; la ejecución de las garantías y condiciones especiales para los créditos otorgados antes de la vigencia del Decreto N° 4.168 de fecha 23 de marzo de 2020».

Estas medidas están dirigidas a regular la gestión de la cartera de crédito del sistema bancario, en función de proteger los intereses de los prestatarios en la coyuntura de emergencia nacional por la expansión del coronavirus.

Los puntos fundamentales de la Resolución en comento pueden resumirse así:

- Tiene por destinatarios la banca pública y a la banca privada.
- Comprende a los créditos liquidados, total o parcialmente, hasta el 13 de marzo de 2020 y aquellos que sean sometidos a un proceso de reestructuración otorgados a beneficiarios de créditos comerciales vigentes y de la cartera única productiva nacional, valorados en Unidades de Valor de Crédito Comercial (UVCC) y Unidad de Valor de Crédito Productivo (UVCP), que son unidades de valor indexadas a la variación del tipo de cambio oficial.
- Autoriza a aquellos prestatarios afectados por la contingencia de la pandemia, para que soliciten una reestructuración de sus créditos vigentes, en caso de impago. La solicitud debe hacerse mediante comunicación motivada y el banco tendrá un plazo de 15 días continuos a partir de la recepción del requerimiento.
- Prohíbe expresamente la reclasificación de riesgos por caso de mora, derivada del impacto de la pandemia de Covid—19. Todos los créditos durante el estado de excepción serán catalogados con nivel de riesgo «A»; es decir, la mejor nota que puede recibir un préstamo.
- Prohíbe las reclasificaciones contables de los préstamos por cuotas o a plazos otorgados a personas naturales y jurídicas. Los créditos regulados por la Resolución mantendrán su clasificación contable vigente antes del 31 de marzo y los otorgados posteriormente formarán parte de la cartera vigente, independientemente de su condición real. Los rendimientos por estos créditos podrán ser registrados como ingresos solo cuando sean efectivamente cobrados.
- Ordena a los bancos mantener los importes excedentarios por provisiones constituidas para la cartera afectada por esta resolución en cuentas originales de registro, como una provisión especial que no podrá ser reversada o liberada, en función de cubrir «cualquier posible incremento de la morosidad» Articulo 6.

sobre todo estas dos últimas, disparándose los montos de provisiones que sobrevenidamente debe constituir la institución y el índice de riesgo crediticio.

2. La equiparación entre la noción de provisión y la de pérdida, convirtiendo la previsión ante la contingencia en una pérdida acaecida contablemente. También una técnica ideal para "quebrar" a una institución bancaria, y que se traduce en transformar los requerimientos de provisiones y ajustes contables determinado en una inspección y con el objeto de cubrir eventuales contingencias, en pérdidas que absorben el capital social y lo dejan por debajo de los límites mínimos exigidos por la Ley o por la normativa prudencial.

De manera que en diversos casos, el Organismo Supervisor convierte la expectativa contingencial o riesgo contingencial que justifica la provisión, en una pérdida actual y consolidada de capital, la cual en la mayoría de los casos representa entonces que al banco se le declare en estado de insolvencia y subsumido en los presupuestos de hecho para la imposición de las medidas o mecanismo aplicables a las instituciones con pérdidas de capital acaecidas.

Así las cosas, la existencia de una hipotética, futura y eventual contingencia en una operación financiera o de intermediación específica, en tanto se trata por su propia naturaleza contingencial de una expectativa fáctica futura e incierta, que puede ocurrir o no, no es el presupuesto desencadenante de la facultad y de la procedencia de la imposición de aquellas medidas, entre ellas los Mecanismos de Resolución, que quedan habilitados cuando se produce una pérdida o reducción cierta, material y cuantificable de capital, ante la cual la figura subsanadora que procede es la reposición del capital perdido o, lo que es lo mismo, el reintegro del capital y de las pérdidas acumuladas.

- Suspende la ejecución de garantías durante «el lapso específico de vigencia del Estado de Alarma» nacional.
- Sobre el registro contable de los ingresos por los créditos reestructurados, la Sudeban toma dos previsiones: 1. Los intereses cobrar de los créditos vigentes al momento de la reestructuración se seguirá aplicando el método de devengado durante el plazo de amortización de capital y/o intereses. 2. Los intereses por cobrar de créditos vencidos al momento de la reestructuración e intereses de mora solo se registrarán como ingresos al momento de ser efectivamente recaudados.
- La Resolución desaplica todas las normas que la contradigan hasta el 31 de diciembre de 2020.

3. La confusión entre la tasa activa promedio del mercado y las tasas nominales fijadas por el BCV, en el cálculo del riesgo y por tanto de la respectiva provisión o reserva, de pagarés y títulos de mercado. Esta circunstancia se produce cundo instituciones bancarias adquieren instrumentos de reestructuración de deuda o pagarés a la orden intermediados en el sistema financiero y los mantienen en su cartera de inversiones.

En estos casos, puede suceder que el Organismo Supervisor calcule la provisión específica para cada deudor cartular considerando el porcentaje mayor entre el valor presente de los préstamos, estimando la diferencia entre el valor actual del préstamo si el crédito estuviese pactado a la tasa promedio del mercado financiero, y el valor del préstamo con la tasa preferencial, de ser el caso.

En otras palabras, bastaría que el Organismo Supervisor confundiera las denominadas tasas activas promedio del mercado financiero o tasas activas nominales fijadas por el Banco Central de Venezuela, con la denominada tasa real promedio del mercado, cuya brecha entre las dos es significativa. Por eso, para el cálculo justo, razonable y proporcional de las provisiones a constituir respecto a estos pagarés a la orden, deben tomarse en cuenta tanto la tasa nominal o referencial fijada por la autoridad monetaria, como la tasa real y efectiva del mercado, lo cual ha sido considerado procedente por la normativa prudencial dictada por la SUPERINTENDENCIA, pero ignorado en la realidad y en la valoración de las carteras de inversiones de numerosas instituciones[82].

4. La reclasificación de créditos por la calificación de los deudores de la institución bancaria como incursos en deficiente situación financiera, a partir de situaciones no financieras y de meras deficiencias subsanables en los expedientes de crédito.

5. Pérdidas en la cartera de inversiones, por desvalorización de bonos, al comparar el valor de registro en libros respecto a su valor razonable de mercado, no obstante estar los bonos y la cartera completa de inversiones, cubierta por la celebración de

---

82 La Resolución 009-1197 recoge en el literal I del artículo 2, en concordancia con el artículo 14, dado que el literal I claramente diferencia y acoge como variable para el cálculo la tasa activa efectiva del mercado y no la tasa referencial fijada por el BCV.

contratos estandarizados de derivativos crediticios o financieros, que trasladan cualquier riesgo por variación de precios en el mercado de tales derivativos a la institución financiera vendedora de la protección.

Estos derivativos negociables aparecieron en el mercado internacional en 1993 como un mecanismo instrumental para el control de ciertos riesgos bancarios.

Inclusive en relación a carteras compuestas por bonos globales, el Organismo Supervisor ha llegado a determinar pérdidas por desvalorización, deducidas por el Ente Supervisor al comparar el valor de registro en libros respecto a su valor razonable de mercado, instruyendo aprovisionar pérdidas por montos exorbitantes, cuando lo cierto es que varias de las instituciones a las cuales se les instruyeron provisiones, estaban cubiertas y protegidas contra el riesgo de variación de precios en el mercado, mediante la suscripción de contratos estandarizado de derivativos crediticios —*credit derivatives*— que trasladan el riesgo al vendedor de protección.

Estos instrumentos recibieron el aval y la aceptación en el texto de la *Capital Accord of the Basle Comité on Banking Supervisión* de julio de 1988, complementado por el *Amendment* sobre riesgos de mercado de enero de 1996, y por el Comité Técnico de la Organización Internacional de Comisiones de Valores —*Technical Comité of the Internacional Organization of Securities Commisions*—.

Lo usual cuando se utilizan tales colaterales, es que el poseedor de la cartera de títulos suscribe un contrato denominado "opción de cobertura de moneda", complementado por un Acuerdo Maestro denominado *Multi currency – Cross Border* o Acuerdo de Opción de Venta —*Put*— y por el Acuerdo de Opción de Compra de Activos —*Call*—, conjunto de contratos vinculados que tienen por objeto adquirir una cobertura por variación de riesgo, donde se transfiere el riesgo por cualquier variación de precio de mercado.

Técnico-jurídicamente, el conjunto vinculado de los contratos precedentemente mencionados se conocen en la normativa y en la doctrina jurídica y supervisora comparada, como una combinación de *swap* de retorno total y de falta de pago bajo forma estandarizada, en virtud de que dichos contratos se elaboran frecuentemente siguiendo el conocido Acuerdo Maestro de la *Internacional Swap Dealer Association ISDA Master Agreement*[83].

Al utilizar los bancos este conjunto contractual para darle cobertura a la eventual pérdida de valor en el mercado de su cartera de bonos, combinando el *swap* de retorno total de interés y de falta de pago, transfiere al emisor de la protección el riesgo por ambos eventos durante el plazo de la cobertura; y dado que el vencimiento del *swap* de retorno total de interés y de falta de pago, muchas veces no coinciden con la fecha de vencimiento de los bonos, que constituyen el activo subyacente de referencia, los efectos de la compensación o cobertura compensable respecto de los riesgos de mercado y de los

---

83 El ISDA Master Agreement fue creado en 1985, y luego objeto de actualizaciones y revisiones en 1992 y de nuevo en 2002. Como lo explica MENDOZA ALVAREZ (2005), mediante la transferencia de recursos económicos, en los mercados financieros también se redistribuyen ciertos riesgos inherentes a las operaciones económicas, puesto que al realizar una transferencia de recursos, los agentes superavitarios asumen los riesgos asociados con el uso que los agentes deficitarios destinen a los mismos. De igual manera, los agentes deficitarios asumen otros riesgos por el sólo hecho de recibir los recursos económicos, tales como la volatilizad de las tasas de interés y la incertidumbre de las tasas de cambio si se trata de una operación financiera internacional, entre otras. Ahora bien, lo cierto es que tanto agentes superavitarios como los agentes deficitarios son, por lo general, operadores económicos adversos al riesgo que están en permanente búsqueda de instrumentos paralelos a los financieros que les permitan reducir o transferir los riesgos a terceros.
Por esta razón, continúa MENDOZA ALVAREZ, es de fundamental importancia que las economías contemporáneas cuenten con instrumentos de cobertura eficientes, a través de los cuales los agentes adversos al riesgo pueden instrumentar sus políticas de manejo de riesgo. Así las cosas, estos instrumentos son un valor agregado de una economía. Hoy en día los mercados de derivados son una condición necesaria de las economías contemporáneas para permitir a los agentes económicos acceder a diversos instrumentos de cobertura, a través de los cuales se pueden mitigar si los riesgos inherentes de las operaciones que ellos realizan a diario.
De esta manera, señala el citado autor, el mercado de derivados es un mercado que complementa al mercado financiero, promoviendo la inversión en una economía. "La denominación hace referencia a que el valor económico de tales contratos se deriva de un activo subyacente". Actualmente, en las economías desarrolladas el uso común de los contratos derivados ha permitido la creación de un mercado paralelo a los mercados financieros contemporáneos, cuyo propósito no es la transferencia de recursos económicos, sino la transferencia de riesgos de mercado y de riesgos de crédito.
Mediante un swap de tasas de interés dos partes intercambian periódicamente unos flujos de caja. Generalmente, una parte transfiere a la otra un flujo de caja cierto y fijo que se calcula multiplicando una tasa de interés fija, acordada al momento de celebrar el contrato, por el valor nominal. Su contraparte se obliga a transferir un flujo de caja variable. El objetivo del contrato es sustituir financieramente un flujo de caja variable por uno fijo, o viceversa. Vid: MENDOZA ALVAREZ, Mateo (2005): Contratos derivados: apuntes jurídicos para el desarrollo de un mercado en Colombia; Revista d Derecho Privado número 35, Universidad de Los Andes, Bogotá, pp. 115 a 194.

riesgos financieros del deudor son totales durante el plazo de la cobertura y dentro del monto de la cobertura.

Cuando el Organismo Supervisor se encuentra con una cartera asegurada o protegida de esta forma, no se requiere constituir ninguna reserva o provisión o amortización por riesgo de mercado o por pérdida de valor de mercado durante todo el tiempo de la cobertura adquirida, y la transacción ni siquiera requiere ser contabilizada en los libros de operaciones bancarias, sino únicamente como cuentas de orden.

g´. *Ejecución del Plan de Rehabilitación y las dos Asambleas Extraordinarias*

La rehabilitación de la institución bancaria es propuesta por el administrador o por los administradores en el informe conclusivo o final de la intervención, acompañado del correspondiente Plan de Rehabilitación. Aprobado el Plan de Rehabilitación y previendo éste la forma y mecanismos de reposición de las perdidas existentes en la institución, el ajuste del capital social, las correcciones gerenciales, administrativas y operativas necesarias y las reformas estatutarias que fueran pertinentes, se ejecutara por los administradores *ad hoc* designados por la SUPERINTENDENCIA. Ello así, el Plan de Rehabilitación y por ende la figura de la rehabilitación constituyen el régimen especial encaminado a permitir que la institución del sector bancario y/o la persona jurídica societaria vinculada o relacionada que presente desviaciones en su funcionamiento, pueda volver a su giro comercial normal, tal y como lo dispone el artículo 253.

A los fines de cumplir con la rehabilitación, la Ley exige como requisito indispensable la convocatoria a una Asamblea de Accionistas de la institución bancaria y/o de la empresa vinculada por parte de los interventores con el objeto de decidir y cumplir el reintegro del capital perdido y enjugar las pérdidas acumuladas, siendo indispensable que cada accionista manifiesta individualmente su decisión de cumplir con la alícuota de reintegro que le corresponde, de todo lo cual debe dejarse constancia en el Acta de la Asamblea. Así lo exige el artículo 253.

En una asamblea posterior se adoptará la decisión de dejar sin efecto las acciones de la institución pertenecientes a aquellos accionistas que en la asamblea anterior hubieren manifestado su decisión de no reponer el capital perdido y cubrir las pérdidas acumuladas en la alícuota que les corresponda en función de su participación accionaria; y también dejar sin efecto la de aquellos que no hubieran asistido a la asamblea en la que se acordó reponer el capital y enjugar las pérdidas.

h´. *El Acto Público de Rehabilitación*

Dispone el artículo 254 que el administrador o administradora o la junta administradora en ejercicio de las facultades de la Asamblea de Accionistas, convocará con quince (15) días continuos de anticipación a un acto público a todos los interesados en participar en la rehabilitación de la institución bancaria intervenida, siguiendo para ello las normas prudenciales que hayan sido dictadas según lo establece el artículo 253.

De modo que la rehabilitación se caracteriza por el régimen de convocatoria pública en dos fases de las que consta: la primera convocatoria pública es para los accionistas con el objeto de determinar si tienen interés en participar; y la segunda convocatoria para un acto público es para cualquier interesado en participar en la rehabilitación, si los accionistas no logran cubrir el monto de las pérdidas y del capital perdido, o renuncian a su condición de accionistas

Si al acto no se hubieren presentado interesados o interesadas en participar en dicho proceso, la Superintendencia de las Instituciones del Sector Bancario acordará la liquidación de la institución de que se trate. Los interesados o interesadas que participen en el acto público y acuerden invertir recursos en la institución bancaria en rehabilitación, adquirirán la cualidad de accionistas una vez evaluada la documentación que le sea requerida por la Superintendencia de las Instituciones del Sector Bancario y aquella a la cual hace referencia el presente Decreto con Rango, Valor y Fuerza de Ley, y que es necesaria para la participación de los accionistas en las distintas instituciones del sector bancario.

Cumplidos como hayan sido los extremos de Ley, dispone el artículo 255, el administrador o administradora o junta administradora convocarán a una Asamblea de Accionistas donde asistirán los interesados beneficiarios o interesadas beneficiarias del proceso en calidad de invitados y se emitirán nuevas acciones representativas del capital social de la institución bancaria que serán suscritas por los interesados beneficiarios o interesadas beneficiarias con lo cual adquirirán la cualidad de accionistas, siendo necesario que a su vez den cumplimiento a las demás formalidades legales. Las acciones de los anteriores accionistas serán nulas y no tendrán valor alguno.

Vencido el plazo de ejecución del plan de rehabilitación y cumplidos los objetivos, la Superintendencia de las Instituciones del Sector Bancario levantará el régimen de intervención.

b. *El Mecanismo extraordinario de transferencia –MET– de activos y pasivos*

El Mecanismo Extraordinario de Transferencia es una medida ablatoria de liquidación sumaria de una institución bancaria cuando no hubiesen sido efectivas las medidas administrativas impuestas conforme al artículo 181, y en virtud del cual se transfieren el total de activos y depósitos del público a las instituciones que hayan manifestado su interés en participar en dicho mecanismo, según lo pauta el artículo 245. La Superintendencia de las Instituciones del Sector Bancario debe requerir y obtener la previa opinión vinculante del OSFIN, y además podrá solicitar la participación del Banco Central de Venezuela, para adoptar medidas tendentes a facilitar a las instituciones del sector bancario, su participación en el proceso extraordinario de transferencia.

Ejecutado el mecanismo extraordinario de transferencia la Superintendencia de las Instituciones del Sector Bancario acordará la liquidación de la institución del sector bancario de que se trate, dentro de los cinco días hábiles bancarios siguientes a su aplicación, atendiendo a lo dispuesto en el artículo 246.

El Mecanismo Extraordinario de transferencia no se encontraba previsto en la Legislación Bancaria venezolana dentro de las alternativas o títulos de resolución, hasta que fue incorporado en la Ley General de Bancos y Otras Instituciones Financieras de 1993, que entró en vigencia el 1 de enero de 1994[84]. Dicha Ley de 1993 reguló tal

---

[84] La "intervención– liquidatoria" aplicada al BANCO CAPITAL, C. A. por la JUNTA DE REGULACIÓN FINANCIERA el 13 de diciembre de 2000, es inédita en el Ordenamiento Jurídico Venezolano y ninguna relación guarda con intervenciones posteriores. El BANCO

Mecanismo previendo su aplicación en tres casos específicos y taxativos que ya mencionamos supra:

.— Declarada la liquidación administrativa de la institución financiera;

.— Otorgado auxilio financiero por FOGADE por problemas graves de liquidez, en aquellos casos en que la institución financiera receptora del auxilio no se encontrare subsumida en ninguno de los supuestos que dan lugar a la intervención o liquidación administrativa, y el crédito constitutivo del auxilio hubiere sido garantizado con activos del banco o institución auxiliada, y ante el incumplimiento en la restitución del crédito se produjere la cesión del activo a FOGADE o la ejecución por este de la garantía y;

CAPITAL, C. A. fue intervenido sin haber sufrido retiros masivos de depósitos, sin haber recibido auxilios financieros o créditos del Estado Venezolano y, lo más importante, sin haber sufrido las pérdidas que contablemente se le tribuyeron por una cadena de falsos supuestos de hecho y de derecho que condujeron a la más sólida y reputada institución financiera larense para la época, al despedazamiento y repartición de su acervo patrimonial y social y a la descalificación de sus miembros accionarios y directivos, los cuales inclusive aportaron más de Bs 14.000.000.000 en bienes personales para cubrir las exorbitantes e infundadas exigencias de la SUDEBAN de la época. De hecho, la liquidación de sus activos y pasivos que fuera impuesta arbitrariamente cuando ya había sido propuesta y ejecutada parcialmente por sus accionistas y directivos, cubría y cubrió perfectamente los compromisos adquiridos con los ahorristas y depositantes.

Para la fecha de producirse la intervención-liquidación del BANCO CAPITAL, C. A. mediante las Resoluciones 001-1200 y 002-1200 de 13/12/2000, la para entonces vigente y aplicable Ley General de Bancos y Otras Instituciones Financieras de 19/11/1993 y la Ley de Regulación Financiera de 22/10/1999 consagraban la medida administrativa de intervención como una medida caracterizada y restringida la imposición de un régimen de administración controlada sumario y breve, dentro de cuyo ejercicio podía efectivamente sobrevenir un acto de traspaso accionario a favor de FOGADE y por tanto de disposición de los activos y pasivos de la institución intervenida, sólo en el caso de haberse producido además el otorgamiento de auxilio financiero por parte de FOGADE según lo estatuido en el artículo 231 y siguientes de la Ley General de Bancos y Otras Instituciones Financieras. De igual forma, la Ley Especial de Protección a los Depositantes y de Regulación de la Emergencia en las Instituciones Financieras de 10/03/1994, no habilitaba ninguna competencia o gestión ablatoria respecto al patrimonio de la institución intervenida, salvo el caso en que dicha institución hubiere recibido auxilio de **FOGADE**, o en el caso de una pérdida patrimonial que justificare la liquidación de un activo o activos específicos, pero nunca la subasta o liquidación del total del activo social o sustrato patrimonial; y con la Ley de Regulación de la Emergencia Financiera de 17/04/1996, que en su artículo 18 diferenciaba entre el *ente intervenido* y aquel que hubiera pasado a ser *propiedad del sector público con motivo del auxilio recibido*, así como por la remisión conceptual e instrumental de su artículo 19 al artículo 254 de la LGBIF de 1993 se mantenía el mismo régimen.

.— Otorgado auxilio financiero por FOGADE a bancos o instituciones financieras que hubieren sido objeto de intervención y a los fines de restablecer su solvencia, mediante las dos modalidades de adquisición de activos de la institución auxiliada establecidas en el artículo 230 de la LGBIF y en concordancia con lo dispuesto en el artículo 231 eiusdem.

Ello así, la regulación del Mecanismo de Transferencia en la Ley de 1993 era mucho más restrictiva que la amplitud con la que se la consagro en las leyes bancarias posteriores, y se ceñía a los tres supuestos que señalamos. Sin embargo, en un caso inédito por injusto, inconstitucional e ilegal, en la historia bancaria venezolana, el mecanismo fue aplicado al BANCO CAPITAL, C.A, un banco regional larense, sin encontrarse en ninguno de los tres supuestos que según la Ley de 1993 hacían procedente y legitimaban su imposición, y luego de las numerosas impugnaciones intentadas por los accionistas se amplió la previsión normativa de su espectro aplicativo.

La transferencia o transmisión del patrimonio total de una institución en crisis a otra es una fórmula de intervención que proviene y que integra el catálogo de actuación de la FDIC Norteamericana frente a la crisis de una institución, formando parte de lo que MISHKIN llama la *"red de seguridad del gobierno para los depositantes"*[85], también denominada RSF o Red de Seguridad Financiera y a la cual ya hemos hecho referencia.

---

[85] En el sitio web de la FDIC —www.fdic.gov/quicklinks/spanish.html— puede encontrarse una completa explicación del objeto de la Agencia. La FDIC fue creada como respuesta a la Gran Depresión de 1929, por la Glaas-Steagall Act en 1933.

En el caso de la quiebra de un banco, que normalmente viene siendo monitoreado por la FDIC, la cual para el momento de la quiebra, de ordinario tiene ya una lista de postores para adquirirlo por fusión, actúa de dos modos: actúa rápidamente para proteger a los depositantes asegurados y organiza la venta a un banco en buenas condiciones, o paga directamente a los depositantes por sus cuentas de depósito hasta el límite del seguro.

La compra y transacción es el método preferido y más común, en el que un banco sano y solvente absorbe y asume los depósitos asegurados del banco que quiebra. Los depositantes asegurados del banco que quiebra inmediatamente se convierten en depositantes del banco que asume y tienen acceso a sus fondos asegurados. El banco que asume también puede comprar los préstamos y otros activos del banco que quiebra.

Cuando ningún banco realiza la adquisición de los depósitos, la FDIC paga directamente al depositante con un cheque por el valor del saldo asegurado en cada cuenta. Dichos pagos suelen iniciarse a los pocos días de cerrar el banco.

La propia FDIC establece los objetivos y condiciones de procedencia del pago de seguro de los depósitos, que a continuación resumimos y citamos en lo fundamental.

La FDIC utiliza dos métodos fundamentalmente para enfrentar las crisis bancarias cuando los bancos definitivamente fracasan.*

---

* **CATEGORÍA E. CREDITOS IRRECUPERABLES.** En esta categoría se incluyen los deudores cuyos créditos se consideran irrecuperables o de tan escaso valor de recuperación que su mantenimiento en el balance no se Justifica. Corresponden a esta categoría los prestatarios de reconocida insolvencia que presenten graves problemas operacionales y financieros. que se encuentren en mora con respecto al pago de sus obligaciones. Que enfrenten cobros judiciales por parle de sus acreedores y que su actividad productiva esté paralizada o muy limitada. Las garantías constituidas por los créditos otorgados sean insuficientes, de difícil liquidación o existen acreedores preferenciales que las limitan.

Las perdidas esperadas de estos créditos, superan el noventa por ciento (90 %) del crédito.

A los deudores clasificados bajo esta categoría se les debe constituir una provisión individual no menor del noventa y cinco por ciento (95%).

La situación excepcional de la clasificación de riesgo en tiempos de pandemia

En la Gaceta Oficial N° 41.965, fechada 15 de septiembre de 2020, la Superintendencia de Instituciones del Sector Bancario publico las «medidas de carácter temporal para la evaluación de la cartera de créditos, la Constitución de Provisión por Categoría de Riesgos; la ejecución de las garantías y condiciones especiales para los créditos otorgados antes de la vigencia del Decreto N° 4.168 de fecha 23 de marzo de 2020».

Estas medidas están dirigidas a regular la gestión de la cartera de crédito del sistema bancario, en función de proteger los intereses de los prestatarios en la coyuntura de emergencia nacional por la expansión del coronavirus.

Los puntos fundamentales de la Resolución en comento pueden resumirse así:

- Tiene por destinatarios la banca pública y a la banca privada.
- Comprende a los créditos liquidados, total o parcialmente, hasta el 13 de marzo de 2020 y aquellos que sean sometidos a un proceso de reestructuración otorgados a beneficiarios de créditos comerciales vigentes y de la cartera única productiva nacional, valorados en Unidades de Valor de Crédito Comercial (UVCC) y Unidad de Valor de Crédito Productivo (UVCP), que son unidades de valor indexadas a la variación del tipo de cambio oficial.
- Autoriza a aquellos prestatarios afectados por la contingencia de la pandemia, para que soliciten una reestructuración de sus créditos vigentes, en caso de impago. La solicitud debe hacerse mediante comunicación motivada y el banco tendrá un plazo de 15 días continuos a partir de la recepción del requerimiento.
- Prohíbe expresamente la reclasificación de riesgos por caso de mora, derivada del impacto de la pandemia de Covid—19. Todos los créditos durante el estado de excepción serán catalogados con nivel de riesgo «A»; es decir, la mejor nota que puede recibir un préstamo.
- Prohíbe las reclasificaciones contables de los préstamos por cuotas o a plazos otorgados a personas naturales y jurídicas. Los créditos regulados por la Resolución mantendrán su clasificación contable vigente antes del 31 de marzo y los otorgados posteriormente formarán parte de la cartera vigente, independientemente de su condición real. Los rendimientos por estos créditos podrán ser registrados como ingresos solo cuando sean efectivamente cobrados.
- Ordena a los bancos mantener los importes excedentarios por provisiones constituidas para la cartera afectada por esta resolución en cuentas originales de registro, como una provisión especial que no podrá ser reversada o liberada, en función de cubrir «cualquier posible incremento de la morosidad» Articulo 6.
- Suspende la ejecución de garantías durante «el lapso específico de vigencia del Estado de Alarma» nacional.

El primer método es el denominado *método de liquidación*, en orden al cual la FDIC permite la quiebra del banco y liquida los depósitos hasta el límite de los seguros —$ 250.000—, el fondo constituido a su favor por las primas periódicas que han ido comprando los bancos asegurados. Después que ha pagado, la FDIC queda subrogada por el monto total cancelado a los depositantes y pasa a formar parte del grupo de los acreedores que serán honrados con los fondos que se obtengan de la liquidación de los activos del banco quebrado.

El otro método utilizado por la FDIC es el denominado precisamente *método de compra y adquisición*, en donde la FDIC reorganiza al banco con problemas o quebrado, y busca otra institución dispuesta a la fusión por absorción y capaz de responder por todos los depósitos y por el monto total de cada uno, es decir, inclusive por encima del límite. La FDIC puede ayudar a la institución absorbente, o comprándole los depósitos más débiles u otorgándole préstamos subsidiados.

a'. *Régimen de Derecho Público predominante en la regulación del MET*

Pues bien, la aplicación del Mecanismo Extraordinario de Transferencia, supone la imposición de un régimen jurídico público exorbitante del derecho común y en particular sustitutivo de diversos presupuestos del derecho mercantil de las sociedades previsto en el Código de Comercio.

En primer lugar como lo acota MORLES[86], la transferencia en bloque de los activos y pasivos de la institución resulta más amplia que el supuesto de venta del activo social contemplado en el artículo 280.5 del Código de Comercio y para el cual, siguiendo el procedimiento mercantil ordinario establecido en el Código se

---

- Sobre el registro contable de los ingresos por los créditos reestructurados, la Sudeban toma dos previsiones: 1. Los intereses cobrar de los créditos vigentes al momento de la reestructuración se seguirá aplicando el método de devengado durante el plazo de amortización de capital y/o intereses. 2. Los intereses por cobrar de créditos vencidos al momento de la reestructuración e intereses de mora solo se registrarán como ingresos al momento de ser efectivamente recaudados.
- La Resolución desaplica todas las normas que la contradigan hasta el 31 de diciembre de 2020.

[86] MORLES HERNANDEZ, Alfredo, La Banca… pp. 244, 245.

requeriría una asamblea y una mayoría calificada, todo lo cual queda suplido o sustituido en el ámbito bancario por el acto administrativo que declara la aplicación del Mecanismo de Transferencia dictado por la SUPERINTENDENCIA.

Una vez ejecutada la medida administrativa de transferencia del activo social y de los depósitos, corresponde a la SUPERINTENDENCIA declarar la liquidación de la institución sometida al Mecanismo, sin que resulte esencial, como si lo sería en el procedimiento mercantil ordinario de cesión del activo social, la realización de una asamblea por la institución que ha sido objeto de la medida, que declare la liquidación.

En el régimen jurídico público de resolución previsto en la LISB, la voluntad y la potestad exorbitante de disciplina y control de la Administración Sectorial suplen la voluntad societaria de los órganos de dirección y gestión de la misma, bastando la regulación que el acto administrativo que declara primero la transferencia, y luego la del acto administrativo que declara la liquidación, para perfeccionar tal transferencia, siendo tales actos los que regirán el proceso y no las pautas del Código de Comercio.

La SUPERINTENDENCIA puede solicitar la participación del BANCO CENTRAL DE VENEZUELA para adoptar las medidas tendentes a facilitar a las instituciones del sector bancario su participación en el proceso extraordinario de transferencia, según lo dispone el artículo 245.

c. *La liquidación administrativa*

a´. *Supuestos de procedencia*

Dispone el artículo 257 de la LISB que la liquidación administrativa procederá cuando sea acordada por la Superintendencia de las Instituciones del Sector Bancario, en los siguientes supuestos:

1. Como consecuencia de la revocatoria de la autorización de funcionamiento.
2. Si vencido el plazo de duración de funcionamiento de la institución bancaria, no se hubieren adoptado las medidas necesarias para que continuara con su giro comercial.

3. Cuando en el proceso de intervención o rehabilitación ello se considere conveniente.
4. Si resultare no ser procedente la disolución por decisión voluntaria de los accionistas.

A estos supuestos hay que agregar la previsión del artículo 252, último aparte, que dispone que finalizado el lapso de intervención, o la única prórroga, sin que se hubiere presentado un plan de rehabilitación, la SUPERINTENDENCIA, con base en el informe presentado por el administrador o por la junta administradora, debe acordar de inmediato la liquidación de la institución bancaria, previa opinión vinculante del OSFIN. Se sobrentiende que dicho informe presentado por los administradores designados debe haber constatado y motivado de manera suficiente la inviabilidad de la institución bancaria.

b´. *Del procedimiento administrativo de liquidación*

Dispone la Ley que la liquidación de las instituciones del sector bancario y personas jurídicas vinculadas, sometidas a intervención, y entendemos que también aquellas a las que les fue impuesta el mecanismo extraordinario de transferencia, estará a cargo del Fondo de Protección Social de los Depósitos Bancarios, de acuerdo con lo establecido en el artículo 261. De manera que la liquidación la declara la SUPERINTENDENCIA mediante acto administrativo motivado, y la lleva a cabo o ejecuta FOGADE.

Resulta llamativo que hasta la derogada LISB del 2011[87], la liquidación de las instituciones financieras y de sus empresas relacionadas, era expresamente catalogada por las normas pertinente como un "procedimiento administrativo", mención normativa que había servido de fundamento para las impugnaciones y recursos de nulidad que invocaban la prescindencia total y absoluta del procedimiento en el caso de la intervención específica de empresas relacionadas, por no cumplirse por la SUPERINTENDENCIA la audiencia previa y el iter del contradictorio.

87 Gaceta Oficial de la República de Venezuela n. 39.627 de 02/03/2011.

Así el artículo 260 de la Ley de Instituciones del Sector Bancario de 2011 definía y calificaba a la medida potestativa de liquidación como un "*procedimiento administrativo*", lo cual ,ante la vía de hecho asumida por la SUPERINTENDENCIA de obviar la audiencia previa en el caso de la intervención de las empresas que consideraba relacionadas a una institución bancaria intervenida, permitía argüir a los afectados en sus impugnaciones que no existe en el Ordenamiento Jurídico Venezolano ningún procedimiento administrativo que no se construya sobre el principio del contradictorio, el cual es un presupuesto de eficacia material del derecho constitucional a la defensa y de la garantía constitucional del debido procedimiento administrativo y judicial[88].

Así las cosas, la liquidación administrativa, definida normativamente como procedimiento administrativo por la Ley especial, no admite la formación de su acto declarativo si tal constitución o conformación no se desenvuelve procedimentalmente permitiendo el derecho a la defensa o la relación dialéctica en sede administrativa con el administrado sobre el cual incide tal medida en tanto medida limitatoria o de incidencia patrimonial negativa.

En atención y sujeción a tal condición de procedimiento administrativo con el que la Ley calificaba a la medida de liquidación, es que de manera congruente hermenéuticamente, dicho texto

---

88 El artículo 246 de la derogada LISB de 2011, establecía imperativa y no alternativa o discrecionalmente la regla esencial de la audiencia previa para todos y cada uno de los Mecanismos de Resolución contemplados en el Título XI de la Ley, es decir, para la intervención, rehabilitación y la liquidación administrativa, en atención a la obligación unívoca de ejercicio de tales medidas potestativas sólo en el seno de un procedimiento administrativo y, obviamente, a los efectos de gravamen y eventualmente negativos desde un punto de vista patrimonial, que la intervención y la liquidación implican y generan.
Ello resulta lógico en atención a que la audiencia previa va dirigida a permitir a los órgano societarios naturales unipersonales o colegiados en ejercicio de la empresa respecto de la cual la Autoridad Sectorial pretende adoptar o implementar el Mecanismo de Resolución —como sucede previamente a la intervención, en expectante suspensión de funciones o suspendidos ya, como sucede en la rehabilitación o liquidación— la efectiva participación en dicho acto esencial; en orden a lo cual la norma no admite ninguna aplicación o interpretación desviada en el sentido de que tal acto y tales actores societarios naturales, activos o suspendidos, puedan ser sustituidos por los interventores , o el acto mismo soslayado u omitido. Por la gramática imperativa de la norma —"*...se convocará previamente...*"— la audiencia previa constituye un acto reglado esencial del procedimiento administrativo constitutivo del acto declarativo de la liquidación administrativa y concretamente también un acto reglado esencial que representa una garantía de aplicación y eficacia del derecho a la defensa y del debido procedimiento administrativo pautado en esta Ley.

normativo imponía precisamente la audiencia previa como principio y regla esencial en la formación procedimental de la voluntad administrativa finalmente exteriorizada en el acto declarativo de la liquidación.

En cambio, la vigente LISB en su artículo 257 omite toda mención a la condición procedimental administrativa de la liquidación.

¿Es que acaso esta audiencia única previa a la adopción de cualquiera de los tres Mecanismos de Resolución, que constituyen un gravamen sobre el patrimonio y los derechos subjetivos personales y de contenido económico, protegidos por específicas garantías constitucionales, como lo son los mecanismos de transferencia extraordinaria de activos y pasivos, intervención y liquidación; audiencia mandatoria para la SUDEBAN en tanto policía administrativa sectorial no constituye una garantía esencial para los administrados que la propia norma enuncia, que pretende salvaguardar el ejercicio del derecho a la defensa y el desarrollo del debido procedimiento administrativo pautado regladamente en esta Ley de Instituciones del Sector Bancario y por tanto de respeto a Principios esencialísimos también de rango constitucional como lo son el Principio de Legalidad y el Principio de la Reserva Legal y su manifestación adjetiva en el Principio del Debido Procedimiento Administrativo y Judicial consagrado por el artículo 49 constitucional?

La garantía del debido proceso —como la consagrada en estos artículos 246 y 260 de la Ley de Instituciones del Sector Bancario para la liquidación— tiene, per se, una enorme virtualidad. Ella implica, ante todo, que las personas, naturales o jurídicas no pueden ser juzgadas sin un trámite procesal, de suerte que el proceso se convierte en un instrumento de garantía en sí mismo, porque sólo dentro de un proceso se pueden desplegar las actuaciones que hacen efectivo el derecho a la defensa, a ser oído, etc., sin que pueda predicarse la existencia de un proceso o de un procedimiento administrativo que contemple una tramitación unilateralmente administrativa sin la presencia contradictoria del administrado cuyos derechos o intereses legítimos pudieran resultar afectados.

Pero no basta que exista un proceso, ya que no puede tratarse de cualquier proceso creado o aplicado discrecional, excepcional, sumaria o arbitrariamente a cada caso concreto. Es necesario también que se trate del proceso aplicable al caso concreto de conformidad con la legislación vigente en cada momento; la razón es a la vez sencilla y trascendente: el proceso es una materia de estricta reserva legal.

Sólo la Ley puede establecer el proceso aplicable a cada caso, y tanto la Administración Pública como el Poder Judicial están obligados a hacer una aplicación estricta de la Ley, sin que puedan innovar, creando procesos para casos específicos o aplicando aquellos que arbitraria o caprichosamente se les antoje a cada situación ni alterando los que han sido dispuestos por el Legislador, en particular con el procedimiento constitutivo de la declaración de liquidación administrativa normada por la Ley. De allí que la jurisprudencia y doctrina comparada insistan en sostener la existencia del derecho al DEBIDO PROCESO DE LEY.

De esta forma se puede comprender que esta expresión no es caprichosa. En efecto, el proceso no sólo es "debido", es decir, un deber para cualquier actuación del Estado y sus Administraciones Públicas, que pueda afectar la situación jurídica de las personas naturales o jurídicas, de naturaleza pública o privada, sino que además, a todo ello debe agregarse que el proceso debe ser "de Ley ", es decir, debe tratarse del proceso estatuido de forma previa y general por la Ley para todos los casos de una misma naturaleza o categoría.

Es así como la Ley se convierte una vez más, en un instrumento de garantía de los derechos individuales, porque el establecimiento previo y abstracto del proceso impide y limita la arbitrariedad que estaría implícita en la creación de procesos ad hoc, esto es, en procesos creados y acomodados o modificados para juzgar o encauzar casos y personas concretas.

La estricta legalidad del proceso, es decir la necesidad de su condicionamiento finalistico normado o predeterminación normativa, encuentra expresión también en el Texto Constitucional, concretamente, en el juego armónico de las normas contenidas en el numeral 32 del artículo 156 y en el cardinal 1 del artículo 187 de la Constitución. De acuerdo con la primera de las normas mencionadas, la legislación en materia de procedimientos es de la competencia del Poder Nacional, mientras que conforme a la segunda de las normas señaladas corresponde a la Asamblea Nacional "legislar en las materias de la competencia nacional".

Una interpretación integral y progresiva del Texto Constitucional debe necesariamente llevar a la conclusión, ya sentada por el Máximo Tribunal de que:

> … el debido proceso al cual alude su artículo 49 no puede ser otro sino el establecido por el Legislador Nacional en uso de las competencias que le atribuyen el cardinal 32 del artículo 156 y el cardinal 1 del artículo 187 constitucional. De lo cual se sigue —necesariamente— que no pueden, ni la Administración ni el Juez, innovar en el proceso, creando el proceso, aplicando un proceso distinto al legalmente establecido u omitiendo o alterando los plazos y fases procesales, pues es esta una materia de la reserva legal, y dicha reserva es una verdadera garantía constitucional.

La Sala Constitucional del Tribunal Supremo de Justicia no ha sido pues ajena a ninguno de los planteamientos antes formulados y en muchas de sus decisiones ha insistido en que, como precisamente aconteció en el caso controvertido, la subversión del proceso previsto en la Ley supone una violación de la garantía consagrada en el artículo 49 constitucional, y su consecuencia jurídica respecto del acto transgresor no puede ser otra que la nulidad absoluta del mismo.

Así, por ejemplo, la Sala Constitucional del Máximo Tribunal de la República señaló lo siguiente:

> … El derecho al debido proceso se consagra como un derecho fundamental, tendente a resguardar todas las garantías indispensables que deben existir en todo proceso para lograr una tutela judicial efectiva. En este sentido, la Sala, mediante decisión del 15 de marzo de 2000, (caso: Enrique Méndez Labrador), señaló la necesidad de que cualquiera sea la vía procesal escogida para la defensa de los derechos o intereses legítimos, las leyes procesales deben garantizar la existencia de un procedimiento que asegure el derecho de defensa de la parte y la posibilidad de una tutela judicial efectiva. En consecuencia, teniendo presente que las normas de procedimiento son una expresión de los valores constitucionales, la acción de amparo contra resoluciones, sentencias, actos u omisiones de los Tribunales de la República,

> está dirigida a proteger el derecho a un debido proceso que garantice una tutela judicial efectiva. Así las cosas, el justiciable, salvo las excepciones previa y expresamente establecidas en la ley, tiene derecho a que en dos instancias de conocimiento se produzca un pronunciamiento acerca de una defensa o alegato opuesto, como lo era, en este caso, la impugnación efectuada al poder, lo que al no haber sido decidido por quien debía y si por el Superior de manera sorpresiva, no le permitió a la parte contra quien obró tal pronunciamiento formular su defensa, en tanto que constituyó un exceso para el juzgador quien tenía delimitado el objeto de la apelación exclusivamente a la cuestión decidida por la instancia.
>
> Por tanto, esta Sala considera que, en el caso sub iudice, tal como lo adujeron los accionantes, se verificó la violación del debido proceso, toda vez que el Juez de alzada subvirtió con su actuación el orden procesal preestablecido. De allí que tal decisión, efectuada en trasgresión a las atribuciones conferidas a dicho Juzgado como superior jerárquico del tribunal de la causa, de acuerdo con la Ley Orgánica del Poder Judicial, constituye una actuación no ajustada a derecho que lesiona los derechos constitucionales invocados, por lo que resulta forzoso declarar con lugar la presente acción de amparo. Así se declara.

Es necesario poner de relieve cómo en el fallo parcialmente citado, la Sala Constitucional ha sido muy cuidadosa en señalar, primero, que el proceso debe estar regulado en el orden legal, esto es, que son las leyes las que deben consagrar las garantías procesales al derecho a la defensa; que, por tanto, las excepciones de tales garantías —como la de la doble instancia analizada en el caso citado— sólo pueden preverse —también— en la Ley, y que, por sobre todo ello, no puede el Juez subvertir el orden procesal preestablecido; es decir, no se puede alterar el proceso previa y generalmente fijado por la Ley.

Estas mismas nociones han sido reconocidas por la Sala Constitucional del Tribunal Supremo de Justicia como parte integrante de un principio de orden constitucional, como lo es el principio de la legalidad de las formas procesales.

Sobre este particular se pronunció la Sala Constitucional en la sentencia N° 2403/2002, en la que expuso lo siguiente:

… Dentro del conjunto de garantías que conforman la compleja noción del debido proceso, entendido en su sentido formal, se encuentra el derecho de toda persona a ser juzgada de acuerdo con el procedimiento judicial establecido con anterioridad en la ley, ello en virtud del principio de legalidad de las formas procesales que rige en ordenamientos jurídicos como el venezolano, donde está excluido el principio de libertad de las formas procesales. Tal garantía, atiende al mismo tiempo al principio de seguridad jurídica que ha de regir las relaciones jurídicas existentes entre los particulares y entre éstos y el Estado, específicamente, en cuanto a la determinación previa de las vías judiciales que deberán seguirse en aquellos casos en los que surjan conflictos con motivo de dichas relaciones, que deban ser dirimidos en definitiva por los órganos jurisdiccionales competentes.

A juicio de esta Sala, existe tal imposibilidad no sólo porque las disposiciones legales que establecen el procedimiento a seguir para dirimir el conflicto suscitado son integrantes del orden público, de manera que no pueden, bajo ninguna circunstancia, ser inobservadas o modificadas por los particulares ni por el juez de la causa, sino también porque tal proceder puede causar perjuicios o gravámenes a cualquiera de las partes, de difícil o imposible reparación por la definitiva, como puede ocurrir en aquellos procedimientos ejecutivos donde, admitida una demanda que no podía ser tramitada sino por el procedimiento ordinario, se decreta ope legis un medida ejecutiva sobre un bien del demandado. Igual infracción al orden público se comete si, solicitada de conformidad con la ley la aplicación de un determinado procedimiento para tramitar la demanda interpuesta, el juez niega la solicitud y aplica un procedimiento no contemplado legalmente para dirimir la controversia o asunto sometido a su consideración".

Debemos hacer notar que, como se expresa en el citado fallo, el principio de legalidad de las formas procesales está directa e indisolublemente ligado al derecho al debido proceso; derecho que, como ya se ha mencionado, comprende no sólo a las actuaciones judiciales, sino también, y en la misma medida, a las actuaciones administrativas y, de manera fundamental, vinculado como se encuentra al orden público constitucional y legal, quiere significar o implica que cada una de las etapas del proceso conforman un eslabón o todo único indisponible por el Juez, o por la Autoridad

Administrativa o por las partes, salvo previsión expresa de la ley y que tales Autoridades tiene vetada la "modelación" del procedimiento, "modelación o elección de formas que sólo puede hacer el legislador; como efectivamente sucede con el procedimiento previsto para la liquidación administrativa que contempla de manera indisponible, insoslayable e inexcusable para la SUDEBAN, una oportunidad garantista para los administrados afectados por vía de la audiencia previa única.

Más aún, no ha dudado la misma Sala Constitucional en hacer alusión al "*...derecho de toda persona a ser juzgada de acuerdo con el procedimiento judicial establecido con anterioridad en la ley...*", lo cual deja ver que se trata en este caso de un verdadero derecho constitucional que queda amparado por la garantía del debido proceso. Por lo tanto, el principio de legalidad de las formas procesales, como expresión que es del debido proceso, debe ser considerado como un principio constitucional.

Por otra parte, se desprende del fallo citado que el proceso o procedimiento legalmente fijado no puede ser alterado, bajo ninguna circunstancia, ni puede ser inobservado o modificado por los particulares o el juez de la causa, de la misma forma que la Administración tampoco puede alterar o modificar los procedimientos aplicables, dado que, como ya se conoce, la garantía del debido proceso es aplicable a todas las actuaciones judiciales y administrativas.

En este mismo sentido y de manera particularmente relevante, ha señalado la Sala Constitucional que:

> "(...) 'uno de los principios rectores en materia adjetiva es el principio de la legalidad de las formas procesales, según el cual los actos del proceso deben practicarse de acuerdo con las formas consagradas en el ordenamiento jurídico, para producir los efectos que la ley le atribuye' (...). Lo señalado anteriormente, permite destacar lo primordial de las formas procesales como elementos consustanciadores que otorgan integridad y linealidad al proceso, por lo que en contra de los llamados formalismos proscritos por el artículo 257 constitucional, prevalecen aquellos requisitos imprescindibles e inherentes a su naturaleza procesal, y sin cuya presencia, perdería el proceso su finalidad como instrumento

dirimente de los problemas judiciales entre las partes, primordial para la paz social"[89].

Se entiende así que según el principio al que hemos hecho alusión, las formas procedimentales son, en sí mismas, garantía imprescindible del proceso, "sin cuya presencia, perdería el proceso su finalidad".

Por otra parte, en cuanto se refiere al alcance de la garantía al debido proceso, ha reiterado la Sala Constitucional que su contenido es amplio. Pero sin dudas, dentro de ese contenido se incluye, como ya hemos señalado, no sólo lo dispuesto en cada uno de los cardinales del artículo 49 de la Constitución, sino que del encabezamiento de dicha norma se desprende que la articulación del proceso debido, con las formas y requisitos establecidos en la Ley, es también parte de esta garantía constitucional. Todas estas ideas fueron claramente expresadas por la Sala Constitucional, la cual confirma su criterio:

> …. En cuanto a la presunta violación del derecho a la defensa, la doctrina comparada, al estudiar el contenido y alcance del derecho al debido proceso, ha precisado que se trata de un derecho complejo que encierra dentro de sí, un conjunto de garantías que se traducen en una diversidad de derechos para el procesado, entre los que figuran, el derecho a acceder a la justicia, el derecho a ser oído, el derecho a la articulación de un proceso debido, derecho de acceso a los recursos legalmente establecidos, derecho a un tribunal competente, independiente e imparcial, derecho a obtener una resolución de fondo fundada en derecho, derecho a un proceso sin dilaciones indebidas, derecho a la ejecución de las sentencias, entre otros, que se vienen configurando a través de la jurisprudencia. Todos estos derechos se desprenden de la interpretación de los ocho ordinales que consagra el artículo 49 de la Carta Fundamental.

FOGADE como ente liquidador desarrollará el procedimiento hasta su culminación, y sus funciones primordiales en tal condición aparecen enunciadas en el artículo 262. Sin embargo, la regulación del proceso aparece detallada en la Providencia n. 082 de fecha 13 de julio

---

89 TSJ/SC, Sentencia N° 859/06.

de 2011[90] , contentiva de las *normas para la liquidación de instituciones del sector bancario y personas jurídicas vinculadas.* La Providencia deroga las anteriores normas para la liquidación de instituciones del sector bancario y personas jurídicas vinculadas, publicadas en la Gaceta Oficial del 26 de enero de 2011.

La Providencia 082 puede caracterizarse en los siguientes puntos fundamentales:

.— crea la figura de los coordinadores del proceso de liquidación, quienes pueden ser funcionarios del Fondo o terceros, pudiendo en todo caso ser sustituidos en cualquier momento del proceso de liquidación por el Presidente del Fondo, quien puede asumir directamente la gestión de liquidación.

.— Los coordinadores quedan investidos de la condición de mandatarios del FONDO, siendo en todo caso sus honorarios pagados de los proventos líquidos que genere la liquidación de la masa de activos de la institución en liquidación.

.— Los coordinadores tienen a su cargo la guarda y custodia de los bienes y activos de las instituciones del sector bancario y de las personas jurídicas vinculadas en proceso de liquidación, para cuya gestión han sido apoderados. Son responsables de los daños que se causen por la contravención de las Normas de la Providencia 082 y responden con su propio patrimonio, siempre que se demuestre que en su actuación hubo dolo o culpa.

.— Los coordinadores deben presentar los informes de gestión que les sean requeridos.

.— El Presidente del FONDO puede delegar en personas naturales o jurídicas la liquidación de una o varias instituciones del sector bancario y de sus personas jurídicas vinculadas. De la misma manera, el FONDO podrá celebrar con empresas especializadas los mandatos especiales que considere necesarios a los fines de facilitar la culminación de los procesos de liquidación.

Esta última atribución o potestad de delegación de la liquidación en personas naturales o jurídicas habilitadas por un acto de rango sub

90 Gaceta Oficial N. 37.941 de 23 de agosto de 2011.

legal como lo es la Resolución 082, al Presidente del Fondo es ilegal e inconstitucional por diversas razones. Viola el atributo de la indelegabilidad de la competencia, que forma parte del Principio de Competencia consagrado en el artículo 26 de la LOAP, disponiendo que la competencia atribuida a los órganos y entes de la Administración Pública será de obligatorio cumplimiento y ejercida bajo las condiciones, límites y procedimientos establecidos. Es irrenunciable, indelegable, improrrogable y no puede ser relajada por ninguna convención particular, "*salvo los casos previstos en la leyes y demás actos normativos*". En virtud de ello, viola igualmente El Principio de Jerarquía de los actos administrativos y por ende el Principio de Legalidad.

De manera que salvo los casos de la delegación intersubjetiva, que opera desde la Administración Central hacia sus entes descentralizados funcionalmente, conforme lo habilita el artículo 33 de la LOAP, y salvo la denominada delegación interorgánica que opera desde los órganos de dirección y control de la Administración Pública en sus diversos niveles territoriales, así como desde los demás funcionarios superiores de dirección, a los órganos o funcionarios bajo su dependencia, conforme lo habilita el artículo 34 de la LOAP; la delegación de atribuciones a terceros requiere texto expreso de carácter normativo que la consagre, texto que no existe en la vigente LISB que , por el contrario, atribuye y radica enfáticamente en FOGADE la competencia exclusiva para actuar como liquidador, según queda claro de lo dispuesto en los artículos 104. 2, 261 y 264 de la LISSB, los cuales declaran la competencia de FOGADE para "*Ejercer la función de liquidador de las instituciones bancarias y sus personas vinculadas*".

De manera que aun cuando FOGADE por órgano de su Junta Directiva puede autorizar los actos que sean necesarios para el cumplimiento de su objeto según lo habilita la LISB —art.100.1—; autorizar las operaciones del FONDO así como los contratos requeridos para la debida ejecución de estas —art. 100.2—; designar a las personas que lo representarán en las instituciones y sociedades mercantiles en las que haya adquirido participación accionaria —art. 100.6—, lo cierto es que carece de competencia para delegar en terceros las funciones de liquidador, aún cuando tal delegación, que sólo podría hacerse mediante acto administrativo expreso, y mediando previsión normativa, se enmascare en la figura contractual[91].

El ente liquidador, en un plazo no mayor de sesenta días contados a partir de la declaratoria de liquidación, procederá a emitir un informe sobre la situación financiera de la institución del sector bancario de que se trate y/o de las personas vinculadas igualmente declaradas en liquidación por la SUPERINTENDENCIA.

Este informe, pautado en el artículo 272 de la LISB constituye la constancia y el inventario legal de las obligaciones a las que deberá responder la institución, así como constancia de las irregularidades dolosas que indiciariamente se hubieren determinado en la gestión de sus administradores, debiendo enviarse al Ministerio Público y disponiendo la norma en comento que las personas que resultaren responsables de los perjuicios causados a la institución, responderán con sus patrimonios personales, personas naturales enunciadas en el artículo 185.

Respecto al contenido de esta norma —art. 272—, el profesor MORLES HERNANDEZ, formula una serie de objeciones, que fundamentalmente se resumen en las siguientes:

—. Constituye un despropósito atribuirle al liquidador la potestad de crear obligaciones con fuerza ejecutiva, dado que ningún órgano administrativo, salvo la administración fiscal, puede generar un documento en el cual se determine la existencia de una obligación legal a favor de la Administración;

—. Concederle facultades al liquidador para que especifique indicios de actuaciones dolosas que son remitidas al Ministerio Público, además de ser una alteración del principio de inocencia, constituye una actuación al margen del debido proceso y una indicación de culpabilidad y;

[91] La Ley General de Bancos y Otras Instituciones Financieras de 1993 si consagraba de manera expresa en su artículo 262, no sólo la condición de FOGADE como liquidador natural, sino que además disponía que las funciones de liquidador "*....podrán ser delegadas por el Fondo en las personas naturales o jurídicas que estime convenientes*". Esa habilitación para delegar la actuación como liquidador fue eliminada en los textos posteriores, no apareciendo en la vigente LISB.

—. La responsabilidad de la personas naturales por actuaciones dolosas de las personas jurídicas no puede ser responsabilidad objetiva y genérica, sino individual y específica.

Disentimos del profesor MORLES HERNANDEZ en la procedencia de estas objeciones.

De entrada, precisemos que una vez declarada la liquidación por la SUPERINTENDENCIA, la institución bancaria y/o las empresas vinculadas sobre las cuales ha recaído tal acto ablatorio, pasan a estar bajo la tutela administrativa del FONDO a los efectos de la sustanciación de la liquidación.

En ejercicio de tal función, el FONDO queda normativamente habilitado para convocar a los acreedores de la institución a que presenten los títulos o instrumentos que les permitan calificar sus acreencias contra la institución y luego proceder al pago en el orden de prelación establecido en la LISB, tal y como lo disponen los numerales 2, 3, 5 y 6 del artículo 262; e igualmente repartir los haberes sociales a los accionistas, una vez pagados los acreedores, según lo dispone el numeral 7 eiusdem.

De manera que el papel del liquidador, autoridad administrativa de vértice en la liquidación, es muy similar al que de conformidad con las regulaciones normativas pertinentes consagra el Código de Comercio a favor del Síndico de la quiebra, comprendiendo tal atribución también por supuesto, la calificación de las acreencias a favor del Estado, si estas son debidamente soportadas. Téngase presente que la liquidación administrativa constituye el ejercicio de la potestad ablatoria o extintiva que ostenta la Administración y que desarrollándose dentro de un procedimiento administrativo, va sustanciándose mediante los actos administrativos ejecutivos y ejecutorios que dicte la autoridad sustanciadora.

Así las cosas, no se trata de que la Administración genere títulos de crédito a su favor, sino de calificar y formar un inventario de los que ya existan. En todo caso, no es cierto que la Administración no pueda generar tales títulos, dado que lo hace, por ejemplo, cuando ejercita la potestad sancionatoria y genera actos administrativos sancionatorios pecuniarios, como las multas.

Respecto a la atribución normativa al FONDO para que en el informe de liquidación haga constar los indicios de actuaciones dolosas en perjuicio de la institución o de sus personas jurídicas vinculadas, ello forma parte pacíficamente aceptada de las potestades de disciplina que en el ordenamiento sectorial bancario se le reconocen a las autoridades de vértice, formando parte y constituyendo presupuesto de la potestad de policía administrativa.

En palabras de MARTIN RETORTILLO, el sistema sancionador habilitado en la disciplina y ordenación del crédito arranca del contenido del propio sistema de intermediación financiera, que no es otro que la protección de la buena fe, de la confianza y de los haberes de los ahorristas y depositantes. A ello responde entonces el sistema de sancionar la responsabilidad personal de administradores y directores de las entidades bancarias y ese proceso comienza por la determinación indiciaria. Se sanciona, por tanto, junto a la responsabilidad de la entidad o institución bancaria, la responsabilidad personal de sus gestores y directores.

Si de las actuaciones irregulares o ilícitas de las instituciones bancarias sólo respondieran estas, y no quienes personalmente utilizaron a la institución para llevarlas a cabo, el sistema jurídico público sectorial carecería de los efectos de disciplina y corrección necesarios y adecuados[92], y nadie más capacitado técnicamente que el organismo o ente natural de supervisión para determinar las muchas veces complejas tramas y urdidumbres técnicas bajo las cuales se enmascaran los fraudes financieros, y de suministrarle a la jurisdicción competente los elementos y explicaciones fundamentales para la determinación de las responsabilidades a que haya lugar.

El sustento de la atribución de precisar y determinar los indicios de irregularidades dolosas, es pues parte de los principios operativos del propio sistema jurídico público de ordenación y disciplina de la actividad de intermediación, por una parte; y por la otra es presupuesto primario de la potestad de policía administrativa que

---

92 MARTIN RETORTILLO, Sebastián, op. Cit. pp. 170, 171, 172, 173. RAMÓN FERNANDEZ también es claro respecto a la legítima procedencia de la potestad de incriminación y sanción de la Administración sectorial, afirmando que *"...no se puede aceptar pasivamente que las personas físicas que con su conducta han demostrado su falta de profesionalidad y han puesto en riesgo a la entidad, infiriéndole un daño cierto, continúen al frente de la misma o puedan, en su caso, pasar a ejercer cargos de dirección en otra análoga"*. Vid: FERNANDEZ, Tomas Ramón, op. Cit. p. 215.

ostenta, en nuestro caso, el FONDO en su rol de liquidador, en consonancia con el marco teórico que caracteriza taxativamente los poderes públicos de intervención en la actividad financiera, de manera idéntica a la que tiene atribuida la SUPERINTENDENCIA para establecer la *"presunción de hechos delictivos "*en el curso de una inspección, según el artículo 178 de la LISB, e informar de ello al Ministerio Público o la que ostenta para la denuncia previa a la declaratoria de liquidación por el 258 *eiusdem*, junto a la solicitud de medidas de gravamen sobre el patrimonio de aquellas personas que aparezcan vinculadas a indicios de fraude bancario o financiero.

Distinta es la situación derivada cuando de las diligencias que realice la SUPERINTENDENCIA en cualquiera de los procedimientos de su competencia, "*...se pueda presumir la comisión de alguna infracción contemplada en el presente Decreto con Rango, Valor y Fuerza de Ley que afecte la solvencia patrimonial...*" de la institución, caso en el cual debe notificarse inmediatamente al Ministerio Público para que inicie la averiguación correspondiente, según lo dispone el artículo 211 de la LISB. En este caso pudiera violarse el principio de tipicidad y el de lex certa, dado que no toda infracción o actuación que incida sobre la solvencia o que la afecte, sin que ello además quiera decir que la provoque, constituye delito y, sin embargo la norma ordena que establecida la presunción de infracción, es decir, de falta administrativa, se la asimile a la actuación de denuncia que corresponde a la presunción de comisión de un delito.

Tampoco coincidimos con el profesor MORLES HERNANDEZ en cuanto a que la atribución que tiene FOGADE como liquidador de establecer la existencia de indicios de actuaciones dolosas y hacerlos del conocimiento del Ministerio Público, como lo pauta el artículo 272, constituya una "*alteración del principio de inocencia*" y una "*actuación administrativa al margen del debido proceso*".

Debemos acotar que la presunción de inocencia prevista constitucionalmente, y que constituye un verdadero derecho subjetivo, no impide que la Administración habilitada normativamente pueda calificar hechos o actuaciones realizadas por los sujetos bajo su control, y sustanciar el debido proceso constitutivo del acto administrativo sancionatorio, o remitir el acto respectivo —informe— al ente u órgano competente para sustanciarlo. Lo que si impone la presunción de inocencia es la carga para la Administración encauzadora o calificante, de probar la existencia del hecho irregular doloso o generador de responsabilidad, en el procedimiento administrativo desarrollado ante ella, o en la fase administrativa de la investigación penal que se cumple ante el Ministerio Público, ya en referencia concreta al caso que nos ocupa[93].

---

[93] Recogido por el artículo 49, numeral 2 constitucional, en coincidencia con lo dispuesto por el artículo 8 del Código Orgánico Procesal Penal, el Principio de la presunción de inocencia implica en palabras de NIETO, y en ratificación de PEÑA SOLIS, un verdadero derecho subjetivo fundamental que, entonces, impone una serie de cargas irrenunciables para la Administración Pública que encauza procedimentalmente a un particular, dirigidas dichas cargas, tanto a:

(i). aplicar el debido procedimiento administrativo constitutivo;

(ii). probar imprescindiblemente en el decurso sustanciado de ese procedimiento, tanto la certeza de la infracción como la certeza de la culpabilidad mediante los medios probatorios legítimos;

(iii). aceptar que en su condición de acusadora y encauzadora procedimental, a ella corresponde la carga de la prueba ante una presunción de inocencia que tiene condición de iuris tantum, y que no puede invertirla exigiendo al acusado o encauzado la prueba de la inocencia —*probatio diabolica*— ;

(iv). que ante la insuficiencia de su actividad probatoria, la Administración debe pronunciar la absolución en cualquier instancia y;

(v). no puede apreciarse como prueba lo que legalmente no tenga carácter

En otras palabras, se aplica el principio "pro reo", recayendo sobre la administración sancionadora y, si es el caso, en el denunciante, la carga de la prueba.

La presunción de inocencia pues, sólo puede desvirtuarse cumpliendo y tramitando el debido procedimiento administrativo. Este es el criterio que ha mantenido el Tribunal Supremo de Justicia en Sala Constitucional, cuando estableció claramente:

"El derecho a la presunción de inocencia efectivamente rige a cabalidad en el ámbito del Derecho Administrativo Sancionador. Su contenido esencial es que a lo largo del procedimiento administrativo sancionatorio o disciplinario debe llevarse a cabo una actividad probatoria destinada a comprobar la culpabilidad del funcionario, sin adelantar opinión en cuanto al mérito del asunto. Se trata de un derecho que incide directamente sobre cómo se desarrolla la fase probatoria del procedimiento sancionador. De ese modo, la presunción de inocencia lo que exige es que el acto que declare la responsabilidad administrativa sea el único que determine la inculpabilidad del funcionario investigado; los actos que le preceden a la declaratoria de responsabilidad deben contar con la objetividad suficiente para que aun estableciendo los hechos, no se produzca un pronunciamiento intempestivo sobre el mérito del asunto."

Por su parte, la Sala Político Administrativa coincide con esta enunciación de los presupuestos adjetivos o procedimentales que constituyen cargas irrenunciables por la Administración encauzadora, como lo deja asentado :

"En relación a la presunción de inocencia, el numeral 2 del artículo 49 de la Constitución de la República Bolivariana de Venezuela prevé que "toda persona se presume inocente mientras no se pruebe lo contrario".

Al respecto, esta Sala en forma reiterada (decisiones números 00051, 01369, 00975, 01102 y 00104 de fechas 15 de enero y 04 de septiembre de 2003, 05 de agosto de 2004, 31 de mayo de 2006 y 30 de enero de 2007, respectivamente), ha señalado:

"(...) Con relación a la denuncia de violación a la presunción de inocencia, la Sala observa que de conformidad con lo previsto en el artículo 49 numeral 2, de la Constitución, "toda persona se presume inocente mientras no se pruebe lo contrario". Este derecho se encuentra reconocido también en los

La vigente LISB establece los pasos a seguir en el proceso de liquidación, sin descartar o negar la subasta pública de bienes[94],

artículos 11 de la Declaración Universal de los Derechos Humanos y 8 numeral 2, de la Convención Americana Sobre Derechos Humanos.

(...) la referida presunción es el derecho que tiene toda persona de ser considerada inocente mientras no se pruebe lo contrario, el cual formando parte de los derechos, principios y garantías que son inmanentes al debido proceso, que la vigente Constitución de la República Bolivariana de Venezuela (...) exige (...) que tanto los órganos judiciales como los de naturaleza administrativa deban ajustar sus actuaciones a los procedimientos legalmente establecidos (Vid. Sentencia N° 00686, del 8 de mayo de 2003, dictada en el caso Petroquímica de Venezuela S.A.).

Igualmente, la Sala ha establecido (Fallo N° 975, del 5 de agosto de 2004, emitido en el caso Richard Quevedo), que la importancia de la aludida presunción de inocencia trasciende en aquellos procedimientos administrativos que como el analizado, aluden a un régimen sancionatorio, concretizado en la necesaria existencia de un procedimiento previo a la imposición de la sanción, que ofrezca las garantías mínimas al sujeto investigado y permita, sobre todo, comprobar su culpabilidad.

En esos términos se consagra el derecho a la presunción de inocencia, cuyo contenido abarca tanto lo relativo a la prueba y a la carga probatoria, como lo concerniente al tratamiento general dirigido al imputado a lo largo del procedimiento. Por tal razón, la carga de la prueba sobre los hechos constitutivos de las pretensiones sancionadoras de la Administración, recae exclusivamente sobre ésta. De manera que la violación al aludido derecho se produciría cuando del acto de que se trate se desprenda una conducta que juzgue o precalifique como 'culpable' al investigado, sin que tal conclusión haya sido precedida del debido procedimiento, en el cual se le permita al particular la oportunidad de desvirtuar los hechos imputados.(...)" (Resaltado de la Sala).

Conforme al fallo parcialmente transcrito, la existencia de un procedimiento previo a la imposición de una sanción, en el que: 1) no se califique a priori al investigado como culpable, 2) se le garantice a éste su derecho a la defensa, y 3) se le permita probar y desvirtuar los hechos imputados, garantiza el respeto a la presunción de inocencia, que sólo cederá ante la contundencia del material probatorio que revele la responsabilidad del encausado.

94 La Ley de Regulación de la Emergencia Financiera, del 29 de junio de 1995, publicada en Gaceta Oficial Nº 4931 Extraordinario del 6 de julio del mismo año, estableció un procedimiento especial para la enajenación de los bienes propiedad del FONDO DE GARANTÍA DE DEPÓSITOS Y PROTECCIÓN BANCARIA (FOGADE) o de otro ente u organismo del sector público, en razón de los auxilios prestados a bancos e instituciones financieras intervenidos, o de estos últimos cuando hubiese sido acordada su liquidación por la Superintendencia de Bancos y otras Instituciones Financieras.

Dicha enajenación se efectuaría mediante la venta del bien en subasta pública, según el procedimiento establecido en dicha Ley, o por dación en pago del bien por deudas asumidas con un determinado ente u organismo del sector público.

Posteriormente, en el año 2000, se dictó la Ley de Regulación Financiera, manteniendo en el Capítulo II, Título III De los Procedimientos, idénticos preceptos con respecto a la enajenación de los bienes propiedad de dicho Fondo.

El 13 de noviembre de 2001, fue publicado, el Decreto con Fuerza de Ley de Reforma de la Ley General de Bancos y otras Instituciones Financieras, que en su artículo 521, estableció la derogatoria de la Ley General de Bancos y otras Instituciones Financieras de 1993, la Ley del Sistema Nacional de Ahorro y Préstamo, y la Ley de Regulación Financiera de 2000 .

Esta LGBIF de 2001, previó que la enajenación total o parcial de aquellos bienes que fueren propiedad del Fondo de Garantía de Depósitos y Protección Bancaria (FOGADE), se efectuaría a través de la venta del bien en subasta pública, según el procedimiento de dicha Ley, previsto en los artículos 486 y siguientes, aplicando el siguiente procedimiento:

(i). Publicidad de la Subasta: Los bienes que se venderán mediante subasta pública se anunciarán en un (1) aviso publicado en dos (2) de los diarios de mayor circulación de

catalogando en su artículo 262 las funciones paso a paso que debe cumplir el ente liquidador y sin que sea necesario o imperativo aplicar las normas del 347 al 352 del Código de Comercio, contentivas de la disposiciones sobre liquidación de sociedades. Recuérdese que estamos ante un procedimiento administrativo y no ante el proceso concursal mercantil o ante el proceso mercantil de liquidación y que, por tanto,*

---

la capital de la República y además, en un diario de la localidad si el bien se hallare ubicado en el interior del país.

(ii). Contenido del Aviso: Se indicará, en caso de bienes inmuebles, su exacta ubicación, linderos, medidas, superficie y uso. En todos los casos se señalará el precio base de la venta, que no podrá ser menor del cincuenta por ciento (50%) del monto del justiprecio fijado por peritos avaluadores; el monto de la caución que deberá consignarse mediante cheque de gerencia para poder participar en el acto de subasta pública y, el lugar, día y hora en que aquél habrá de celebrarse. El día de la celebración de la subasta pública no podrá ser variado luego de publicado el aviso señalado anteriormente, salvo que se publicare de nuevo.

(iii). Del Acto de Subasta: Se efectuará a los quince (15) días continuos después de la publicación del aviso o en el primer día hábil siguiente, si fuere feriado, y se realizará en presencia de un Notario Público, quien levantará un Acta. Si se tratare de bienes inmuebles, el Notario deberá dejar constancia de que se ha presentado una certificación de gravámenes expedida por el Registrador respectivo, con no más de quince (15) días hábiles de antelación a la celebración del acto.

(iv). De la Caución: Para participar en el acto de subasta pública será necesario otorgar una caución. La misma pasará de pleno derecho y a título de indemnización al Fondo de Garantía de Depósitos y Protección Bancaria, al ente público y al banco, entidad de ahorro y préstamo u otra institución financiera de que se trate, si el adjudicatario no paga la totalidad del precio ofertado al otorgarse el documento público correspondiente, lo cual debe ocurrir dentro de los treinta (30) días continuos siguientes a la realización del acto.

(v). Del pago de la totalidad del precio: Para participar en el acto de subasta pública, pasará de pleno derecho y a título de indemnización al Fondo de Garantía de Depósitos y Protección Bancaria, al ente público y al banco, entidad de ahorro y préstamo u otra institución financiera de que se trate, si el adjudicatario no paga la totalidad del precio ofertado al otorgarse el documento público correspondiente, lo cual debe ocurrir dentro de los treinta (30) días continuos siguientes a la realización del acto.

(vi). Régimen de Conservación de Bienes: Si no se ofrece el precio base de la subasta, la Junta de Regulación Financiera, con vista al informe del ente enajenante, decidirá sobre otra forma de enajenación del inmueble, en condiciones distintas a las aquí señaladas, o dispondrá su arrendamiento, o cualquier otra negociación que asegure su conservación y genere los frutos que sean posibles, hasta que se produzcan las condiciones que hagan factible una nueva subasta.

(vii). Derechos de los Terceros: En los avisos se convocará a la subasta a los terceros que pretendan derechos sobre el bien a subastar, tales terceros podrán ocurrir ante el ente enajenante en el acto de la subasta o dentro de los cinco (5) días laborables anteriores a ésta, para hacer valer los derechos que pretendan, los cuales, en todo caso, se trasladarán al precio que se obtenga en la subasta. Corresponderá al ente enajenante calificar la existencia y cuantía de tales derechos, y si encontrare que efectivamente existen, pagará, hasta la concurrencia con el precio, el monto de tales derechos. Si se rechazare la pretensión del tercero, éste podrá ocurrir a la jurisdicción ordinaria para hacerla valer en contra del ente enajenante y siempre hasta el límite del precio obtenido el ente liquidador dentro de los parámetros de la Ley conserva la potestad de modelación regulatoria para establecer sus pautas. Ello quiere significar que de manera privilegiada se aplican a cada uno de los Mecanismos de Resolución previstos en la LISB, las normas de esta Ley especial y las normas prudenciales que puedan dictarse para desarrollar o completar la regulación de sus procedimientos, siendo supletorias las normas del Código de Comercio.

El profesor MORLES HERNANDEZ estima que al proceso que él denomina "concursal bancario" reconducido analógicamente, a su juicio, a la liquidación administrativa, se le aplicarían las normas sobre liquidación de sociedades contenidas en los artículos 347 al 352 del Código de Comercio; y si no se encontrare solución, se aplicarían las disposiciones del Código Civil sobre sociedades, es decir, los artículos del 1673 al 1683 relativos a la extinción, liquidación y partición de sociedades.

Insistimos en afirmar nuestro desacuerdo con esta postura que es producto de una visión de la actividad bancaria como sometida al Derecho Mercantil fundamentalmente, en tanto constituida por actos de comercio, y que ve en las instituciones del Derecho Público Bancario un pálido reflejo de las instituciones del Derecho Mercantil.

La liquidación de una institución bancaria no es expresión de la existencia y aplicación de un derecho concursal bancario sino más bien de una categoría específica de instrumentos de intervención, disciplina y saneamiento de naturaleza jurídico pública que se denominan Mecanismos de Resolución. En tal sentido, estos Mecanismos se rigen en primer lugar por las normas de la LISB y en segundo lugar por la regulación sublegal que la

---

en la subasta. Por ninguna razón se paralizará la subasta ni se afectarán los derechos del adjudicatario en tal proceso.

(viii). Información a los Interesados: Desde la publicación del aviso hasta la fecha anterior al acto de subasta pública, el ente enajenante de que se trate pondrá a disposición de los interesados para su examen, los títulos de propiedad de los bienes que serán subastados y cuantos documentos o informaciones contribuyan a determinar sus características, en su oficina principal, en días y horas laborables.

Por otra parte, la Junta Directiva del Fondo de Garantía de Depósitos y Protección Bancaria (FOGADE) aprobó el 23 de enero de 2004, un régimen especial para la subasta pública, mediante la normativa N° 1085 que Regula el Proceso de Oferta Pública para la Enajenación de Bienes Propiedad del Fondo, de los Bancos, Instituciones Financieras y Empresas Relacionadas Sometidas a Regímenes Especiales.

Administración competente se encuentra habilitada para dictar, encarnada en las normas prudenciales, pudiendo incorporar o no en tales normas, la remisión al régimen previsto en el Código de Comercio o en el Código Civil.

d. *La rehabilitación*

La rehabilitación es el resultado de la aplicación de un plan de duración limitada que se aprueba dentro y en curso el régimen de intervención, encaminado a permitir que la institución del sector bancario o la persona jurídica vinculada que presente desviaciones en su funcionamiento, pueda continuar su giro comercial normal mediante la aplicación de un conjunto coordinado de medidas de carácter administrativo y gerencial, impuestas por la SUPERINTENDENCIA, según lo dispone el artículo 253.

a´. *Del Plan de Rehabilitación*

El Plan de Rehabilitación debe ser la opción y decisión de primer orden si la institución es patrimonialmente rehabilitable con el manejo de sus activos y pasivos, sea liquidando algunos de ellos, sea transfiriendo pasivos con su contrapartida en activos, sin liquidar, por el conjunto de razones que ya hemos expuesto, o mediante la reposición del capital y de las pérdidas por los accionistas.

De manera que la norma del 252 instruyendo a los administradores durante la intervención la presentación de un informe en *"el cual se sugiera la liquidación de la institución del sector bancario o persona jurídica vinculada"*, y en caso contrario recomendar la rehabilitación, debe ser interpretada salvaguardando la rehabilitación como primera opción si ella es posible.

Constituye presupuesto indispensable para la ejecución de la rehabilitación, lo que en el argot bancario y supervisor se denomina *"operación acordeón"* que consta de dos actuaciones consecutivas y concatenadas: la primera, la reducción del capital social y la segunda el aumento del mismo. El artículo 253, impone a los interventores convocar a la asamblea de accionistas de la institución bancaria intervenida o de la empresa relacionada, con el objeto de considerar y decidir sobre el aumento de capital y para enjugar las pérdidas acumuladas, debiendo cada uno de los accionistas asistentes manifestar su decisión de cumplir con el reintegro y la cobertura exigidas, de todo lo cual debe dejarse expresa constancia en el acta de la Asamblea.

En una asamblea posterior se decidirá dejar sin efecto las acciones de aquellos accionistas que no concurrieron a la asamblea anterior y las de aquellos que manifestaron no estar dispuestos a reintegrar la alícuota que les corresponde de del capital perdido y la de cobertura de las pérdidas, tal y como lo dispone el y se adelantará el proceso de participación de todos los interesados en el plan de rehabilitación de la institución, conforme lo dispone el artículo 253.

El administrador o los administradores designados, en ejercicio de las facultades que corresponden a la Asamblea de Accionistas, convocarán a un Acto Público con quince días continuos de anticipación a todos los interesados en participar en la rehabilitación mediante la adquisición de acciones. Si al acto no concurren interesados, la SUPERINTENDENCIA acordará la liquidación de la institución.

Este acto público es en realidad un concurso público que permite a la SUPERINTENDENCIA un margen de apreciación para la selección de aquellos oferentes que mejor garanticen la conclusión del saneamiento y luego de levantada la intervención, la correcta y profesional gestión de la institución.

Una vez evaluada por la SUPERINTENDENCIA la documentación pertinente que presenten los interesados que hayan manifestado su intención de aportar recursos en la institución, y que debe evidenciar el cumplimiento de los requisitos para ser accionistas de una institución bancaria que exigen las normas prudenciales aplicables y la propia LISB, estos pasarán a ser admitidos como accionistas de la institución, luego de celebrada una nueva Asamblea de Accionistas donde asistirán en calidad de invitados, y se emitirán nuevas acciones representativas del capital social, que serán suscritas por los beneficiarios aprobados por la SUPERINTENDENCIA.

Es menester destacar que en la práctica, aun cuando la LISB establece que el capital social de la institución bancaria debe aportarse en dinero en efectivo e igualmente los aumentos, según lo disponen los artículos 20 y 40 respectivamente, la SUDEBAN ha permitido recapitalizaciones en títulos valores y en activos de rápida liquidación, negándola cuando se trata de la incorporación de bienes que inciden en la estructura financiera de la entidad bancaria por ser activos inmovilizados de lenta realización, que no generan rentabilidad ni liquidez a corto plazo, exigiendo entonces alternativamente o permitiendo a la institución o a sus accionistas adquirir y aportar títulos valores con vencimiento a corto y mediano plazo, de fácil realización, de renta fija o variable, que posean un mercado secundario establecido, que reciban mensual, trimestral o semestralmente la totalidad de los intereses acordados; es decir, sin capitalización y que brinden la liquidez necesaria, permitan reflejar los índices financieros adecuados y mantener un portafolio de inversiones seguro y confiable.

Cumplido el plazo de ejecución del Plan de Rehabilitación y logrados los objetivos de saneamiento de la institución, la SUPERINTENDENCIA levantará el régimen de intervención, según lo prescribe el artículo 255.

Terminológicamente, no debe confundirse el Plan de Rehabilitación con el Plan de Recuperación. Este último es el que corresponde a la imposición de las medidas administrativas que pauta el artículo 181 y está regulado por el artículo 183; mientras que el Plan de Rehabilitación es el que corresponde al saneamiento durante la vigencia de la medida de intervención y está previsto en los artículos 252 y 253 de la LISB.

CAPITULO III

LA CRISIS SISTÉMICA: LA EMERGENCIA FINANCIERA

SUMARIO: III. La crisis sistémica: La emergencia financiera: 1. Riesgo sistémico, banco sistémico y contagio sistémico. 2. Tratamiento de la crisis sistémica en el ordenamiento jurídico venezolano. 3. Procedimiento para la declaratoria de Emergencia Financiera según la Ley de Instituciones del Sector Bancario. 4. La asistencia crediticia extraordinaria y la asistencia crediticia ordinaria.

1. Riesgo sistémico, banco sistémico y crisis sistémica

América Latina es la región del mundo con la más alta recurrencia de crisis bancarias en los últimos 30 años. Si bien algunas de estas crisis pueden estar inicialmente motivadas por factores externos, las debilidades intrínsecas de los sistemas financieros latinoamericanos han contribuido a potenciar sus efectos y comprometer su estabilidad.

Adicionalmente, las crisis financieras deterioran la situación fiscal de los países y minan sus posibilidades de crecimiento económico y desarrollo a mediano y largo plazo. En este contexto, como lo señalan investigadores del BID, los avances en el fortalecimiento de los procesos de regulación y supervisión bancaria, y la aplicación de mecanismos de manejo de crisis resultan esenciales para mitigar los efectos de un eventual contagio sistémico[95].

Diferentes organismos de supervisión internacional han coincidido en la proposición y estudio de un conjunto de mecanismos para evitar o combatir el denominado riesgo sistémico[96], diseñando

[95] GUERRERO, Rosa et al (2010): *Redes de seguridad financiera Aspectos conceptuales y experiencias recientes en América Latina y el Caribe*. Banco Interamericano de Desarrollo.

[96] El riesgo sistémico ha pasado a tener un rol principal en las regulaciones financieras alrededor del mundo, luego de la quiebra de Lehman Brothers, uno de los cinco bancos de

un sistema integrado de políticas e instrumentos a los que se denomina unitariamente Red de Seguridad Financiera, a la cual ya hicimos referencia en relación a la UE.

El Comité de Basilea estimó las causas de la crisis financiera global de 2008 y su contenido sistémico así como el contagio y su extensión a la deuda real de los países que la sufrieron, destacando entre tales causas la siguiente:

> ...Una de las razones por las que la crisis económica y financiera que estalló en 2007 fue tan severa es que los sectores bancarios de numerosos países habían acumulado un apalancamiento excesivo dentro y fuera de balance. A esto se unió la gradual erosión del nivel y de la calidad de su base de capital. Al mismo tiempo,

---

inversión más grandes de Wall Street, al que arrastraron las inversiones en el mercado de las hipotecas sub-prime y la mezcla de estas carteras con cartera solventes para ofrecérselas a los inversores, todo lo cual supuso una imprudente exposición a riesgo que reventó en el 2008.Intentó salvarse negociando su compra por diversos grupos financieros, pero esta no se consumó; luego se dio a la quiebra por el Chapter 11; La Reserva Federal intentó, en conversaciones con los banqueros de Wall Street, buscar soluciones, entre las cuales fue propuesta la de separar los activos sanos de los tóxicos y liquidarlos, lo cual al final fue rechazado, retirándole la Reserva Federal entonces la Red de Seguridad Financiera.

Brunnermeier et al. [2009] conceptúan el riesgo sistémico como una situación en la cual el riesgo total del sistema es mayor a la suma de los riesgos individuales de cada institución. Esto ocurre porque el riesgo tomado por cada institución genera una externalidad negativa sobre las demás instituciones del sistema.

Los autores identifican cinco externalidades negativas que se producen cuando una institución financiera entra en problemas financieros o quiebra, lo cual sienta la base de lo que entendemos como riesgo sistémico:

1. Contagio informacional: Si un banco quiebra, genera dudas a los ahorristas e inversores sobre la solvencia de los demás bancos del sistema, ya que la información no es perfecta. Esta pérdida de confianza puede desembocar en un retiro de fondos masivo y una pérdida de financiamiento a los demás bancos.
2. Comercio inter-bancario: Las instituciones financieras comercian mucho más entre ellas que empresas en cualquier otra industria. Evidentemente, el default de un banco significa para los demás la perdida inmediata de este banco como fuente de liquidez, y la cesación de pagos de todos los activos que los demás bancos tenían sobre el banco que quiebra. Los efectos de la quiebra de un banco son inmediatos sobre las demás instituciones, y muchas veces también mucho más severos.
3. Ventas de activos bajo presión ("fire sales"): La institución financiera que está al borde de la quiebra puede intentar una maniobra de ´última instancia para recuperar liquidez: vender todos los activos que le queden al mejor postor. Esta venta apresurada de activos tiene severos efectos negativos sobre el precio de estos. Cualquier institución financiera que también se encuentre en posesión de estos activos venta una merma importante sobre el valor de sus activos totales, que están valorizados a precio de mercado, lo cual aumenta su apalancamiento. Vid: BRUNNERMEIER, M. et al (2009): *Principios Fundamentales de Regulación Financiera;* International Center for Monetary and Banking Studies.

numerosos bancos mantenían niveles de liquidez insuficientes. Por todo ello, el sistema bancario no fue capaz de absorber las pérdidas sistémicas sufridas en las carteras de negociación y de crédito, ni pudo aguantar la reintermediación de las enormes exposiciones fuera de balance que se habían ido acumulando en sus áreas más opacas o menos reguladas (el sistema bancario «en la sombra»). La crisis se vio agravada por un proceso de desapalancamiento procíclico y por las interconexiones entre instituciones sistémicas a través de complejas operaciones. En el punto álgido de la crisis, el mercado dejó de confiar en la solvencia y liquidez de numerosas instituciones bancarias. Las deficiencias en el sector bancario rápidamente se transmitieron al resto del sistema financiero y la economía real, provocando una contracción generalizada de la liquidez y del crédito disponible. En última instancia, el sector público tuvo que intervenir con inyecciones de liquidez sin precedentes y con la provisión de capital y avales, exponiendo con ello a los contribuyentes a grandes pérdidas.

5. El efecto sobre los bancos, los sistemas financieros y las economías en el epicentro de la crisis fue inmediato. Sin embargo, la crisis también afectó a países periféricos de todo el mundo, aunque a través de canales de transmisión menos directos, a raíz de la grave contracción de la liquidez mundial, del crédito transfronterizo disponible y de la demanda de exportaciones. Ante el alcance y la rapidez con que se han transmitido las últimas crisis en todo el mundo, y teniendo en cuenta el carácter impredecible de crisis futuras, es esencial que todos los países refuercen la resistencia de sus sectores bancarios ante perturbaciones internas y externas. (Basilea III: Marco regulador global para reforzar los bancos y sistemas bancarios Diciembre de 2010 (rev. junio de 2011).

Como lo ha señalado también el Comité de Basilea, antes de la crisis global del 2007, los supervisores y reguladores no prestaron suficiente atención a la acumulación de riesgo en el sistema financiero en conjunto; en cambio sí lo hicieron para las instituciones financieras individuales. La supervisión macroprudencial, focalizada en el riesgo sistémico, tiene como finalidad salvar estas brechas. Complementa los marcos de supervisión microprudencial, ya existentes mediante un agregado macro. La supervisión macroprudencial, precisamente intenta detectar y mitigar el riesgo sistémico[97].

En ese orden de ideas, tal y como lo ha estudiado el Banco de España, hasta septiembre de 2008 la reacción de las autoridades en Estados Unidos y en el Reino Unido frente a la crisis que ya se extendía globalmente fue caso por caso, auxiliando a aquellas entidades que se consideraban sistémicas e interviniendo en el resto. La magnitud de las pérdidas cubiertas mediante aportaciones de capital del sector público, registraron un fuerte incremento a partir del 15 de septiembre, fecha de la quiebra de Lehman Brothers, al no encontrar ni financiación privada ni apoyo público. Este hecho incrementó súbita y profundamente la inestabilidad de los mercados financieros en el ámbito global, por dos motivos, según lo detalla el Banco de España en su informe: por un lado, se puso en evidencia la interconexión del sistema financiero internacional y la dificultad para conocer el verdadero alcance de una quiebra de estas dimensiones; y por el otro, fue necesaria la intervención pública dirigida, no solo a disciplinar y auxiliar a instituciones aisladas sino, de manera muy importante, a detectar y apoyar a instituciones consideradas sistémicas.[98]

—. Riesgo Sistémico

Una definición habitual de riesgo sistémico nos dice que es "el riesgo de perturbaciones de los servicios financieros causadas por un deterioro de todas o algunas partes del sistema financiero y que tiene el potencial de derivar en graves consecuencias negativas para la economía real" (fmi, bpi, fsb, 2009, p. 5).

El Banco Central Europeo, ha caracterizado, tres formas de manifestación del riesgo sistémico:

1. Riesgo de contagio:

   I. Pánico bancario, si los depositantes no están informados adecuadamente y actualizan sus expectativas de la salud

---

[97] DIJKMAN, Miguel (2015): *Monitoreo de la estabilidad financiera en las economías emergentes y en desarrollo.* Boletín Volumen LXI, número 1, enero—marzo de 2015, CEMLA, Ciudad de México, p. 2.

[98] Banco de España (2009). *Informe de Estabilidad Financiera.*

financiera de sus propios bancos a partir de la observación de otros bancos.

   II. Mercado interbancario, los bancos usan el mercado interbancario para intercambiar riesgos entre ellos, surgiendo el riesgo de contagio, a través de las exposiciones que los bancos mantienen en estos mercados,

   III. Selección adversa, derivada de la asimetría de información. Los bancos no son capaces de identificar o evaluar correctamente los riesgos que asume.

   IV. Sistema de pagos, a través de posiciones expuestas.

2. Riesgo de shocks macroeconómicos, es decir, eventos exógenos que inciden y se materializan en el activo, mientras el pasivo permanece inalterado.

3. Formación de desequilibrios en el sistema financiero, lo cual implica aquellos comportamientos pro- cíclicos de las épocas expansivas, formando desequilibrios debido al aumento del apetito al riesgo. El Comité de Basilea ha identificado tres razones que generan los desequilibrios:

   I. Efecto manada, hay un comportamiento de los intermediarios y agentes a imitarse entre sí, haciendo frente a los mismos riesgos,

   II. Los intereses bajos, fomenta la admisión de riesgos más altos para obtener una mayor rentabilidad,

   III. Tendencia a apalancarse durante épocas expansivas,

   IV. Riesgo moral, los grandes bancos ejecutan estrategias con niveles de exposición a riesgo mas elevadas que el promedio del resto de los bancos, o a precios más competitivos, bajo la premisa de que si caen en crisis o problemas patrimoniales serán auxiliados por las autoridades encargadas de dar cobertura a las perdidas y a la protección de los depósitos del público[99].

---

[99] Banco Central Europeo, *Informe de Estabilidad Financiera*, 2009.

—. Banco Sistémico

En términos generales, se entiende por Banco Sistémico, aquella entidad bancaria que por la magnitud y complejidad de sus interrelaciones con el resto de las instituciones que conforman el sistema financiero, y por las características de su patrimonio, es capaz de afectar o de incidir críticamente en la economía real y en el resto del sistema financiero en caso de sufrir una disfunción critica.

El FSB o Consejo de Estabilidad Financiera, define a los bancos sistémicos como aquella entidad financiera que es considerada sistémica cuando tiene la capacidad de desestabilizar la totalidad del sistema financiero y además afecta a la economía real en caso de quebrar.

El establecimiento de una Red de Seguridad Financiera (RSF) es considerado, tal cual lo destaca GUERRERO, como un mecanismo integral para promover la estabilidad del sistema y contribuir así a la eficiencia de la intermediación financiera mediante la aplicación de un conjunto de buenas prácticas y reglas específicas.

La RSF requiere, como presupuestos de eficacia, apuntan los expertos, un ordenamiento jurídico transparente con un marco regulatorio idóneo, instituciones de supervisión y control efectivas, un entorno macroeconómico adecuado y seguras y sólidas instituciones financieras[100].

La composición fundamental de una RSF habitualmente se encuentra conformada por los siguientes instrumentos operativos básicos o "fases de abordaje" de las crisis individuales o sistémicas:

—. Regulación y supervisión prudencial;

—. Prestamista de última instancia;

—. Esquema o mecanismos de resolución bancaria y;

—. Sistema de seguro de depósitos.

En el caso de la UE, se creó la denominada Unión Bancaria, como respuesta a la crisis financiera de 2008. El objetivo de la Unión Bancaria es garantizar la estabilidad, seguridad y fiabilidad del sector

100 GUERRERO, Rosa, ob. cit. p. 5.

bancario de la zona del euro y de la UE en su conjunto, contribuyendo así a la estabilidad financiera. Los objetivos han sido precisados por el Consejo y por el Parlamento Europeo:

- los bancos sean sólidos y puedan resistir a futuras crisis financieras;
- la resolución de los bancos no viables se lleve a cabo sin recurrir al dinero de los contribuyentes y con unas repercusiones mínimas para la economía real;
- se reduzca la fragmentación de los mercados estableciendo normas armonizadas para el sector financiero.

La Unión Bancaria se estructura sobre tres pilares fundamentales:

A. El código normativo único es la columna vertebral que articula a la Unión Bancaria y establece la regulación del sector financiero de la UE. Se encuentra conformado por un conjunto de textos legislativos que se aplican a todas las entidades de crédito, con lo que se garantiza la igualdad de condiciones en toda la UE y que todos los bancos se encuentren sometidos a las mismas normas, con el objetivo de evitar distorsiones en el mercado único.

B. Un Mecanismo Único de Supervisión —MUS— y;

C. Un Mecanismo Único de Resolución —MUR—.

2. Tratamiento de la crisis sistémica en nuestro ordenamiento: La Emergencia Financiera

La LISB prevé en su artículo 273 que el Presidente de la República en Consejo de Ministros, podrá declarar la emergencia financiera, cuando de manera alternativa o de forma concurrente se configuren los siguientes supuestos:

—. cuando el sector bancario nacional presente considerables problemas de pérdida de capital, liquidez, solvencia e;

—. incumplimientos reiterados a la propia LISB, que afecten gravemente el normal funcionamiento del sistema de pagos, la estabilidad del sistema financiero nacional y la seguridad económica del país.

Nótese que la norma no se refiere a la crisis de una institución, sino a la crisis del "*sector bancario nacional*", presupuesto de hecho este que hace referencia entonces a una crisis sistémica, producida, según lo enuncia la norma, por una descapitalización masiva de las instituciones del sector bancario, iliquidez o insolvencia, e inclusive por incumplimientos reiterados de la LISB, que afecten gravemente el normal funcionamiento del sistema de pagos, la estabilidad del sistema financiero nacional y la seguridad económica del país[101].

La incidencia pues de la crisis del sistema bancario en la estabilidad del sistema financiero nacional y la seguridad económica nacional, configuran esta situación como un presupuesto subsumible perfectamente y con claridad en la definición constituyente de los supuestos que dan lugar a los Estados de Excepción, enunciados en el artículo 337 constitucional.

Como lo ha destacado la Sala Constitucional[102], con la Constitución de 1999, hubo un cambio sustancial en lo referente a los supuestos que conforman los estados de excepción, los cuales, en el régimen constitucional de 1961, se circunscribían solamente a lo que el Título IX denominaba "*De la Emergencia*", que involucraba situaciones de calamidad originadas por conflictos internos o externos que afectaban el normal desenvolvimiento de la vida ciudadana.

Esta redacción genérica daba lugar a múltiples interpretaciones, toda vez que se consideraba a la emergencia como el género del

---

101 La autoridad competente dentro del Sistema de Supervisión Europeo para la supervisión microfinanciera y para la prevención y detección del riesgo de contagio es la JERS. La JERS o Junta Europea de Riesgo Sistémico fue creada por el Reglamento (UE), 1092/2010 del Parlamento Europeo y del Consejo, de 24 de noviembre de 2010, relativo a la supervisión macroprudencial del sistema financiero en la Unión Europea; y por la Decisión JERS/2011/1 de la Junta Europea de Riesgo Sistémico, de 20 de enero 2011, por la que se adopta el Reglamento interno de la Junta Europea de Riesgo Sistémico. La Junta Europea de Riesgo Sistémico (JERS) tiene asignada la competencia sobre la supervisión macroprudencial del sistema financiero de la UE.
Las funciones principales de la JERS son:

- recopilar y analizar la información pertinente para identificar los riesgos sistémicos
- emitir avisos cuando dichos riesgos sistémicos se consideren significativos
- emitir recomendaciones para la adopción de medidas correctoras en respuesta a los riesgos detectados
- realizar el seguimiento de la respuesta dada a los avisos y recomendaciones
- cooperar y coordinarse con las AES y otros foros internacionales.

102 TSJ/SC, sentencia de 11/02/2016 Recurso de Interpretación sobre normas de la Ley Orgánica de Estados de Excepción., expediente 16-0117.

estado de excepción, pero no expresaba en términos concisos cuáles sucesos podían comprenderse como susceptibles de justificar un régimen *"de emergencia"*, sobre todo aquellos hechos referidos a *"conflictos internos"*, ya que el texto Fundamental de 1961 establecía en su artículo 241 una enunciación poco específica de las acciones y hechos que daban lugar a la aplicación de las medidas atinentes a controlar las situaciones de anormalidad:

> "[e]n caso de emergencia, de conmoción que pueda perturbar la paz de la República o de graves circunstancias que afecten la vida económica o social, el Presidente de la República podrá restringir o suspender las garantías constitucionales, o algunas de ellas, con excepción de las consagradas en el artículo 58 y en los ordinales 3° y 7° del artículo 60".

Estas disposiciones fueron objeto de sustanciales modificaciones por parte del Constituyente de 1999, al comprender que las situaciones que daban lugar a los regímenes de excepción no se subsumían bajo el género de *"la emergencia"*, sino que más bien todas ellas respondían a una denominación más acorde con su naturaleza, como lo es la *"De los Estados de Excepción"*, el cual presenta una doble cara o vertiente: Por una parte, se encuentra constituido por una serie de hechos y actos que, tal como lo establece el artículo 337 de la Constitución comprenden *"las circunstancias de orden social, económico, político, natural o ecológico, que afecten gravemente la seguridad de la Nación, de las instituciones y de los ciudadanos y ciudadanas, a cuyo respecto resultan insuficientes las facultades de las cuales se disponen para hacer frente a tales hechos"*; mientras que por la otra, la expresión "Estados de Excepción " alude inconfundiblemente a un régimen jurídico temporal y extraordinario habilitado para el ejercicio de poderes plenos, normalmente por el Poder Ejecutivo, poderes que se expresan mediante actos políticos o de gobierno.

Estas circunstancias excepcionales, a su vez se clasifican atendiendo a sus características fácticas y de daño potencial, como lo es el caso del estado de alarma (artículo 338); estado de emergencia económica (artículo 338, Párrafo Primero); estado de conmoción interior o exterior (artículo 338, Párrafo Segundo); siendo todas situaciones controlables por poderes extraordinarios y temporales conferidos al Ejecutivo Nacional, que es el llamado a determinar la aplicabilidad de las medidas que ordena el Texto Constitucional, bajo el control de la Asamblea Nacional y de la Sala Constitucional del Tribunal Supremo de Justicia.

Ha precisado igualmente la Sala Constitucional[103] que ambos órdenes constitucionales, tanto el que previó la Constitución de 1961 —aunque genéricamente—, como la Constitución de 1999 —que discriminó cada uno de los hechos y actos que conforman los estados de excepción—, establecieron la posibilidad de que aquellos hechos críticos y sistémicos que afectaran el sistema financiero podían dar lugar a la adopción de medidas propias de un régimen de excepción. Así, como se mencionó, el Constituyente de 1961 no fue específico al delimitar las situaciones que ameritaban la aplicación del régimen denominado *"De la emergencia"*, pero sí señaló de manera somera, que las circunstancias gravosas de índole económico daban lugar a la aplicación de los mecanismos estatuidos en el Título IX de la Constitución de 1961: "[e]*n caso de emergencia, de conmoción que pueda perturbar la paz de la República o de* ***graves circunstancias que afecten la vida económica o social****, el Presidente de la República podrá restringir o suspender las garantías constitucionales, o de alguna de ellas, con excepción de las consagradas en el artículo 58 y en los ordinales 3° y 7° del artículo 60"*.

El Constituyente de 1999, en su artículo 338, Primer Aparte, no sólo consideró el aspecto económico, sino que ahondó más respecto a las medidas de protección de la Nación, dependiendo del tipo de eventualidad que se suscitase, previendo de manera específica, aquellas críticas para el sistema económico, indicando al efecto que *"podrá decretarse el estado de emergencia económica cuando se susciten circunstancias económicas extraordinarias que afecten gravemente la vida económica de la Nación. Su duración será hasta de sesenta días, prorrogables por un plazo igual"*[104].

En lo referente a las situaciones de emergencia económica, la Sala Constitucional[105] ha señalado que una correcta interpretación de las normas constitucionales en comento permite establecer que las medidas de control económico deben necesariamente comprender lo relacionado con el sistema financiero cuando se presenten problemas

[103] TSJ/SC, sentencia 1507 de 05706/2003, expediente 011401.
[104] TSJ/SC, sentencia 1507 de 05/06/2003, expediente 011401.
[105] TSJ/SC, sentencia 1507 de 05/06/2003, expediente 011401.

de rentabilidad, liquidez, solvencia, exista peligro de incumplimiento en los medios de pagos, y todo aquello que atente de manera determinante contra el sistema de captación, inversión, intermediación y circulación de flujos de dinero realizado por organizaciones financieras, sea en el mercado financiero interno o externo —si las mismas están en capacidad—, con el manejo de capitales de los particulares, toda vez que el circuito financiero, además de constituir en sí mismo un componente fundamental en la economía del país, también tiene la fuerza y la repercusión para el desenvolvimiento de la economía real de producción de bienes y servicios como generadora de riquezas para la Nación, al manejar los flujos monetarios y financieros de inversión, constituyendo por tanto el circuito financiero parte del esquema económico general.

De lo expuesto puede afirmarse que la actividad financiera está comprendida claramente dentro de la regulación económica, y ambos regímenes constitucionales —tanto el del Texto de 1961 como el de 1999— han preestablecido suspender o restringir las garantías, para el caso de que se suscite una crisis financiera, por cuanto la actividad de este sector está inmersa en lo que el Texto Fundamental de 1961 delimitaba como *"las graves circunstancias que afectan la vida económica"*, o en el dispositivo al que ahora alude el artículo 338 Parágrafo Primero de la Constitución de 1999, que indica las causales que pueden justificar la declaratoria del estado de emergencia económica, como modalidad de los estados de excepción.

Estas situaciones de anormalidad económica son las que dan origen a que el Ejecutivo Nacional ejerza, por mandato de la Constitución, el poder de decretar las medidas destinadas a implementarse dentro del sistema financiero, debiendo para ello cumplir con las mismas formalidades que se prevén a nivel constitucional para *"la emergencia"* (Constitución de 1961) o *"De los Estados de Excepción"* (Constitución de 1999), como lo son:

— someter el Decreto a la consideración de las Cámaras del Congreso actuando en sesión conjunta o, a su Comisión Delegada, dentro de los diez días siguientes a su publicación, tal como lo disponía el artículo 242 de la Constitución de 1961 o, como ahora lo exige el artículo 339 de la Constitución de 1999, que prevé el control del decreto mediante su presentación ante la Asamblea Nacional o a la Comisión Delegada dentro de un lapso de ocho (8) días siguientes a su promulgación, para su consideración y aprobación y;

- su presentación ante la Sala Constitucional del Tribunal Supremo de Justicia, a los fines de que el mismo sea eficaz.

De lo anterior queda claro, que es de la competencia exclusiva del Presidente de la República, en Consejo de Ministros, decretar los estados de excepción, mediante la ampliación excepcional y temporal de sus competencias, e incluso, de las funciones que constitucionalmente le corresponden, lo que a veces le permite asumir tareas legislativas, llegando a concentrar, además de las funciones de gobierno que ostenta, las legislativas y las administrativas, funciones que vienen dadas por mandato expreso de la Constitución y que se pueden configurar cuando concurran elementos de necesidad y urgencia derivados de circunstancias fácticas que requieran una pronta intervención normativa que se dicte y aplique con una celeridad que supere al tiempo que se tarda el proceso de formulación de las leyes. En tal sentido, la Constitución de 1999 ha sido clara al determinar en su artículo 338, último aparte, que mediante Ley Orgánica se regulará los estados de excepción, y se determinarán las medidas que puedan adoptarse con base en sus disposiciones.

Esta disposición, en concordancia con lo estipulado en el numeral 2 de la Disposición Transitoria de la Constitución, constituyen el fundamento y la causa eficiente para la promulgación de la Ley Orgánica de Estados de Excepción, la cual delimita en su Título II, Capítulo II, lo atinente al estado de emergencia económica. En tal sentido, dicha Ley reitera principios constitucionales y los presupuestos esenciales para la procedencia de:

- decretar, el estado de emergencia económica cuando existan circunstancias que afecten gravemente la vida económica de la Nación (artículo 10);
- dictar las medidas oportunas, destinada a resolver la anormalidad o crisis e impedir la extensión de los efectos (artículo 11) es decir, para tratar de evitar el contagio sistémico del sistema o sector sobrevenidamente crítico;

- que el Presidente de la República, en Consejo de Ministros, podrá *"decretar"* la emergencia económica en todo o en parte del territorio nacional con una duración de hasta sesenta días, prorrogable por un plazo igual, de conformidad con la Constitución y esa Ley (artículo 11).
- Respecto de las circunstancias que ameritarían la activación de tal mecanismo excepcional y extraordinario,

...destacan los conceptos de heterogeneidad, irresistibilidad o rebase de las facultades ordinarias del Poder Público y de lesividad, por la producción potencial o acaecida de daños a personas, cosas o instituciones. De éstos la Sala estima pertinente aludir a la heterogeneidad, puesto que, en efecto, las condiciones que pueden presentarse en el plano material, sean de origen natural, económico o social en general, son de enorme diversidad e índole, y, en esa medida, los estados de excepción reconocidos por Decreto del Presidente de la República, pueden versar sobre hechos que tradicionalmente se asocian a este tipo de medidas; empero, por igual, pueden referirse a situaciones anómalas que afecten o pretendan afectar la paz, la seguridad integral, la soberanía, el funcionamiento de las instituciones, la economía y la sociedad en general, a nivel nacional, regional o local[106].

Tales preceptos indican, como insiste la Sala Constitucional[107],

...la ampliación de las potestades normativas del Presidente de la República, en Consejo de Ministros, cuando se suscitan los estados de excepción, las cuales, debido a su carácter extraordinario siempre, serán temporales y excepcionales, implementando los preceptos normativos que contengan los planes relacionados estrictamente para mitigar la situación acontecida, sin que ello implique que se puedan abarcar situaciones ajenas a las que motivaron el estado de excepción, ni suspender las actividades del Poder Público, ni trastocar derechos que no estén relacionados con lo acontecido, incluyendo además, los expresamente prohibidos

---

106 TSJ/SC, sentencia caso constitucionalidad del: "DECRETO N.° 2.184, MEDIANTE EL CUAL SE DECLARA EL ESTADO DE EMERGENCIA ECONÓMICA EN TODO EL TERRITORIO NACIONAL, DE CONFORMIDAD CON LA CONSTITUCIÓN DE LA REPÚBLICA BOLIVARIANA DE VENEZUELA Y SU ORDENAMIENTO JURÍDICO, POR UN LAPSO DE SESENTA (60) DÍAS, EN LOS TÉRMINOS QUE EN ÉL SE INDICAN.

107 TSJ/SC, sentencia 1507 de 05/06/2003, expediente 011401.

por la Constitución para su regulación, como lo son el derecho a la vida y a no ser condenado a pena de muerte, el derecho a la libertad de expresión, la garantía de la seguridad personal, a no ser incomunicado ni sometido a tortura y a procedimientos que causen daños físicos y morales, la garantía a la libertad personal, a no ser condenado a penas perpetuas e infamantes o mayores de treinta años, aunado también aquellas que si bien no son consagradas expresamente por la Constitución, sí han quedado implementadas como irrestringibles por los tratados celebrados por la República, establecidas en el Pacto Internacional de Derechos Civiles y Políticos y en la Convención Americana de los Derechos Humanos"[108].

La exposición anterior quiere significar que la declaratoria del estado de excepción en cualquiera de sus categorías conlleva el ejercicio de poderes excepcionales pero siempre *secundum constitutionem,* y aun cuando la fórmula de ejercicio de tales poderes y la exteriorización de la voluntad del Poder Ejecutivo se manifiesten mediante los actos de gobierno o políticos[109].

---

108 TSJ/SC, sentencia 1507 de 05/06/2003, expediente 011401.

109 En Venezuela la doctrina del acto de gobierno, tanto si se considera su evolución o la influencia a partir de las políticas questions del derecho norteamericano, como si se acepta su origen en la creación por el Consejo de Estado Francés de la noción de acte de gouvernement, a lo que ha conducido es a definir a una categoría especial de actos de sustancialidad netamente política , es decir, derivados del ejercicio de la función política de los altos órganos del gobierno y, por tanto, si bien excluidos del control o de la justiciabilidad de la jurisdicción contencioso administrativa, sometidos en todo caso al control de su constitucionalidad por la Sala Constitucional del TSJ. En todo caso valga la acotación que los actos políticos o de gobierno no son actos administrativos por el rasgo esencial de ser dictados en ejercicio directo e inmediato de una norma constitucional, y no ser por tanto de rango sublegal.

Ahora bien, este eventual control de su constitucionalidad por la Sala Constitucional del TSJ es un control limitado, dado que si bien el acto de gobierno puede someterse a revisión jurisdiccional sólo en sede constitucional, esta se limitaría a los aspectos formales de competencia y validez, quedando excluido de cualquier revisión los motivos y en general el núcleo discrecional por el cual se dictó el acto. En este mismo orden de ideas se ha pronunciado la Sala Constitucional en relación específica al indulto como típico acto de gobierno y de ejercicio discrecional. Así, ha establecido la Sala:

...los aspectos formales de validez y competencia del decreto de indulto sí pueden ser objeto control judicial, entre los cuales se ubican la exigencia de que dicho acto sea emitido por el Presidente de la República, así como también que esté refrendado por el Vicepresidente o Vicepresidenta y por el Ministro o Ministra correspondiente (tal como lo ordena el segundo aparte del artículo 236 de la Constitución). Otros aspectos del indulto que también pueden ser revisados judicialmente, están vinculados al respeto de ciertas prohibiciones establecidas en el propio Texto Constitucional, al momento de la concesión del indulto, como es el caso del artículo 29 de la Constitución de la República Bolivariana de Venezuela, en el cual se prohíbe

En el mismo orden de ideas, debe quedar claro que en el vigente régimen constitucional la potestad que detenta el Legislativo Nacional para regular el régimen de excepción, tiene su fundamento en el hecho de que la Asamblea Nacional Constituyente facultó en la

---

el otorgamiento de indultos en casos de delitos de lesa humanidad, violaciones graves de los derechos humanos y crímenes de guerra.

En caso que el indulto sea concedido con inobservancia de algunos de estos requisitos o prohibiciones, aquél podrá ser sometido indudablemente al control judicial, en sede de jurisdicción constitucional, toda vez que se trataría de quebrantamientos de normas constitucionales, imputables a un acto dictado en ejecución directa de la Constitución por un órgano del Poder Ejecutivo Nacional. Ahora bien, debe aclararse que las limitaciones del indulto contenidas en el artículo 29 de la Constitución de la República Bolivariana de Venezuela, así como también la exigencia de que dicho acto de gobierno debe estar refrendado por el Vicepresidente de la República, no estaban contempladas en la derogada Constitución de 1961, y por ende, no son aplicables al caso sub lite.

...visto que el indulto constituye un acto de gobierno —y no un acto administrativo— que implica el ejercicio de un derecho de gracia, y que por ende se haya dentro de un ámbito de discrecionalidad política, considera esta Sala, contrariamente a lo que sostiene la parte actora, que si este acto no puede ser controlable en cuanto a sus motivos por la jurisdicción constitucional, mucho menos éstos pueden ser revisados en sede de jurisdicción contencioso—administrativa, y por ello, no resulta plausible, a la luz de estos planteamientos, imputarle a dicho acto vicios que obedecen al ámbito propio de los actos administrativos, tales como inmotivación, abuso o exceso de poder, así como también desviación de poder, tal como lo ha pretendido la representación del Ministerio Público

Así pues, la intensidad del control judicial en el caso de los actos de gobierno, es muy inferior a la que se ejerce sobre los actos administrativos. Así, en los primeros, el grado de apertura de la discrecionalidad es muy grande, abarcando —como en el caso del indulto— a la totalidad del contenido del acto (razón por la cual un sector de la doctrina señala que se trata de un caso de "oportunidad" más que de "discrecionalidad"), pudiéndose únicamente controlar su constitucionalidad a la luz de los derechos fundamentales, así como el cumplimiento de ciertos requisitos formales, lo cual no ocurre en el supuesto de los actos administrativos.

Visto entonces que los motivos que impulsan la concesión del indulto no son controlables judicialmente, esta Sala sólo analizará si el Decreto Presidencial n° 2.387 de fecha 29 de diciembre de 1.983, publicado en la Gaceta Oficial de la República de Venezuela n° 32.885, del 29 de diciembre de ese mismo año, ha cumplido con los requisitos formales necesarios para su legitimidad constitucional. En tal sentido, se observa que el referido acto fue dictado por el entonces Presidente de la República, y refrendado por el también entonces Ministro de Justicia, durante la vigencia de la Constitución de 1961 —no siendo aplicables los requisitos y prohibiciones introducidas posteriormente en la Constitución de la República Bolivariana de Venezuela—, razón por la cual, en criterio de esta Sala, se satisfizo el requisito de validez contemplado en el segundo aparte del artículo 190 de ese Texto Constitucional, que únicamente exigía que el indulto estuviera refrendado por el Ministro o Ministros correspondientes. Siendo así, se concluye que en este primer aspecto, el acto impugnado ha superado el análisis de su constitucionalidad. Así se declara.

De modo que la Sala Constitucional establece la gradación de la revisión que es posible respecto a un acto de gobierno, declarando la intangibilidad de su núcleo duro, o mejor dicho, su inmunidad en ese núcleo esencial constituido por la discrecionalidad o lo que en rigor pudiéramos denominar el móvil o la razón política, y restringiendo su justiciabilidad o posibilidad de juzgamiento a los presupuestos de la competencia y validez, así como a su no colisión con derechos fundamentales.

Disposición Transitoria Tercera de la Constitución a la Asamblea Nacional para que dictase una Ley Orgánica sobre Estados de Excepción, lo que al ser un régimen legal de rango orgánico, el mismo sirve de fundamento para que el Legislativo dicte leyes ordinarias que regulen aspectos específicos sobre la aplicación de las medidas de excepción, como lo sería el caso de suscitarse un estado de emergencia económica derivado de problemáticas surgidas en el sector financiero. Todo ello, sin menoscabo de la potestad que el Legislativo Nacional tiene para reglamentar y limitar los derechos y libertades públicas, ahora comprendidos en los artículos 156 numeral 27 y 187 numeral 1 de la Constitución, siendo también fundamento de ello, lo dispuesto en el artículo 30 de la Convención Americana de los Derechos Humanos.

Ha establecido también la Sala Constitucional que en los estados de excepción la ampliación de las potestades normativas del Presidente de la República no vienen encomendadas bajo la figura de la autorización de la ley habilitante, toda vez que de conformidad con lo previsto en la Constitución —tanto la de 1961 como la de 1999— han estipulado que la decisión del Ejecutivo Nacional de suspender y restringir las garantías constitucionales se encuentran sometidas a un control político *a posteriori* por parte del entonces Congreso Nacional, ahora Asamblea Nacional, siendo la figura de la ley habilitante ajena a los casos de determinación de los estados de excepción.

En el orden de ideas expuesto, no existe inconstitucionalidad en la regulación de la declaratoria de la emergencia financiera y su tramitación, según lo pautan los artículos 273 y 274 de la vigente LISB, según lo ha confirmado la Sala Constitucional.

3. Procedimiento para la declaratoria de Emergencia Financiera según la Ley de Instituciones del Sector Bancario

En el Decreto que declare la Emergencia Financiera se instruirá al Ministro con competencia en materia de Finanzas a constituir la instancia superior de coordinación, la cual presidirá —OSFIN—, a los fines de asumir las competencias de la Superintendencia de las Instituciones del Sector Bancario, y en la que debe estar representado el Banco Central de Venezuela y cualquier otro organismo que el OSFIN estime conveniente, según lo dispone el artículo 274.

Esta instancia superior de coordinación tiene potestades regulatorias para dictar las normas prudenciales necesarias para resolver la crisis en el menor tiempo posible, normas que serán de preferente aplicación a la LISB y demás leyes especiales, según lo pauta la norma en comento.

El BANCO CENTRAL DE VENEZUELA, actuando como prestamista de última instancia[110], podrá otorgar la asistencia

---

110 Si una proporción importante de los depósitos de un banco es repentinamente retirada, su situación de liquidez puede verse comprometida. En tales situaciones, como lo expone PONCE, problemas de información asimétrica pueden tornar imposible para el banco el conseguir asistencia interbancaria o del mercado. Esto puede llevar al banco a la quiebra aun cuando fuera solvente. Más aún, una situación de este tipo puede extenderse sistémicamente a otros bancos del sistema y generalizarse en una corrida masiva de todos los depósitos. La recurrencia y alto costo social de tales problemas bancarios determinan que los gobiernos lleven adelante una serie de actividades tendientes a evitarlos, o al menos mitigarlos.

La doctrina clásica, iniciada por Thornton (1802) y Bagehot (1873), señala PONCE, asume que los bancos centrales sean los responsables de brindar asistencia de última instancia, a una tasa elevada, a bancos con problemas de liquidez pero con buenos colaterales, representados en activos de calidad. El principal argumento para soportar tal proposición es que el banco central es el emisor del activo líquido por excelencia, además de que su reputación y capacidad técnica lo convierten en un agente capaz de coordinar el accionar de otros bancos en procesos de rescate. Vid: PONCE, Jorge (2005): *¿Quién debe actuar como prestamista de última instancia*, en : Décimas Jornadas de Economía Monetaria e Internacional La Plata, 12 y 13 de mayo de 2005.

En su libro *Lombard Street*, escrito en 1873, Walter Bagehot, estableció los principios que orientarían hasta el presente las funciones de prestamista de última instancia de los bancos centrales, aun cuando probablemente fue Francis Baring quien acuñó la expresión «prestamista de última instancia» en 1797 y Henry Thornton quien por vez primera exploró en profundidad el tema en 1802. Como lo explica CARUANA en el prólogo de la edición de la obra de BAGEHOT, para poder entender en qué medida pueden compararse las prácticas actuales con los principios sentados por el autor, es indispensable establecer lo que para BAGEHOT representó el significado de «prestamista de última instancia».

Expresa CARUANA que en su significación actual, esta expresión puede englobar dos modalidades diferentes de provisión de liquidez, distinción no siempre fácil ni clara. La primera modalidad corresponde a las operaciones realizadas como parte de los mecanismos vigentes para la instrumentación de la política monetaria y que conforman el catálogo de las «operaciones normales». La segunda corresponde a las operaciones ejecutadas fuera de esos marcos, es decir, la «provisión de liquidez de emergencia». Ambas pueden dirigirse a instituciones individuales o al mercado en general. Los términos y condiciones de estas dos modalidades de provisión de liquidez difieren considerablemente. La primera modalidad es transparente y tiene lugar en condiciones bien conocidas por los participantes, y se cumple como parte de sus marcos de instrumentación por todos los bancos centrales, dado que es una constante el hecho de que disponen de algún tipo de facilidad de liquidez de respaldo. Esto es así con independencia de si las operaciones se realizan durante pánicos bancarios o no. La segunda suele ser mucho más discrecional y mucho menos transparente: en la mayoría de los

crediticia necesaria a las instituciones del sector bancario que confronten una crisis como parte del conjunto sistémico, previa su evaluación y calificación por la SUPERINTENDENCIA.

Previo al otorgamiento de la asistencia crediticia, los administradores de la institución asistida deberán ser removidos y las acciones de la institución beneficiaria y de sus empresas relacionadas, en la medida en la que se vayan determinando, deberán pasar al Estado y específicamente al órgano que se designe, como lo establece el artículo 274.

La Hacienda Pública Nacional entregará al BANCO CENTRAL DE VENEZUELA los recursos necesarios para asumir la asistencia crediticia, mediante la asignación de los créditos correspondientes en el presupuesto del ejercicio fiscal siguiente al de aquel en el que dicha asistencia se otorgó.

En el caso de que la situación de las cuentas fiscales no permita esa asignación presupuestaria, la Asamblea Nacional autorizará una emisión especial de títulos de la deuda pública nacional, en condiciones de mercado y con vencimiento a 5 años, para ser entregados al BANCO CENTRAL DE VENEZUELA, según lo dispone el artículo 274 en su aparte final.

---

casos, los bancos centrales no divulgan los términos concretos de estas operaciones o incluso las circunstancias que las activan, aunque puedan hacer públicos los principios generales.
Esta distinción precisada por CARUANA permite entender que, históricamente, las funciones de prestamista de última instancia hayan evolucionado por vías que sólo en parte se ajustan a los principios de Bagehot. Parte de los principios de Bagehot pueden reconocerse con facilidad en las prácticas actuales:
Primero: como regla general, los bancos centrales sólo ofrecen financiación con la garantía de activos, salvo en circunstancias excepcionales (por ejemplo, como parte de una provisión de liquidez de emergencia, cuando se conceden créditos puente para facilitar la reestructuración de una institución).
Segundo, en el caso de operaciones normales, la mayoría de los bancos centrales presta sin restricciones: una vez cumplidos ciertos criterios de admisión, no racionan los fondos suministrados. Además, en periodos de graves tensiones generalizadas en los mercados, los bancos centrales han solido salirse de sus vías habituales para proporcionar liquidez adicional y, posiblemente, adecuar los propios marcos con el fin de relajar aún más las restricciones de financiación
Tercero: Bagehot exige además que las instituciones sean solventes, la mayoría de los bancos centrales procuraría seguir esta máxima, excepto en circunstancias especiales no muy distintas de aquéllas en que renunciarían a exigir la aportación de activos de garantía.
Vid: BAGEHOT, Walter (1873): LOMBARD STREET. UNA DESCRIPCIÓN DEL MERCADO DE DINERO Traducción de Miguel Ángel Galindo Martín Prólogo de Jaime Caruana, Marcial Pons MADRID, 2012.

Debemos destacar que la actuación del BANCO CENTRAL como prestamista de última instancia forma parte de la función tradicional de la banca central, desde que los bancos centrales de Inglaterra y Francia iniciaron y ejercieron tal función para evitar la quiebra de los bancos con problemas de liquidez. Desde entonces, tal condición de prestamista de última instancia forma parte del régimen estatutario de la banca central y más recientemente integra el conjunto de mecanismos que forman las Redes de Seguridad Financiera—RSF—.

Existe sin embargo todavía una enconada discusión entre los que desaprueban la actuación de la banca central como prestamista de última instancia y prefieren que los bancos con problemas recurran al mercado interbancario, al que consideran el redistribuidor normal de la liquidez del sistema bancario; y los que apoyan decididamente la intervención de la banca central, sobre todo cuando existe riesgo de contagio sistémico.

Así, como lo reseña OSSA, los que desaprueban al prestamista de última instancia argumentan que si algunos bancos solventes enfrentan un *shock* que se traduce en problemas de liquidez, pueden recurrir al mercado interbancario que cumple la función de redistribuir la liquidez. En el caso de perturbaciones agregadas que afectan a todos los bancos el Banco Central debería emitir a través de operaciones de mercado abierto, proveyendo liquidez al sistema como un todo, con el objeto de mantener la oferta monetaria a un nivel adecuado, pero debería abstenerse de apoyar directamente a los bancos con problemas. De acuerdo con esta posición, los bancos solventes pero ilíquidos podrían recurrir al mercado interbancario, mientras que los insolventes no conseguirían créditos y tenderían a desaparecer. Según este enfoque, precisa OSSA, la ayuda directa del Banco Central a los bancos comerciales se traduce en que estos asumen riesgos excesivos ante las expectativas de ser rescatados en situaciones adversas. Es decir, se genera un problema de riesgo moral[111].

[111] OSSA S, Fernando (2003): *LOS BANCOS CENTRALES COMO PRESTAMISTAS DE ÚLTIMA INSTANCIA*. *Cuad. econ.* [online], vol.40, n. 120 [citado 2021—07—07], pp.323-335. Disponible en: <http://www.scielo.cl/scielo.php?script=sci_arttext&pid=S0717-68212003012000007&lng=es&nrm=iso>. ISSN 0717-6821. http://dx.doi.org/10.4067/S0717-68212003012000007.

Las posiciones a favor de que el Banco Central actúe como prestamista de última tienen su fundamento en la teoría de la información imperfecta. La información imperfecta puede producir una falla en el mercado del crédito interbancario· En ocasiones no es factible distinguir entre bancos solventes e insolventes, algunos bancos pueden obtener poco o ningún crédito en este mercado. Pero es posible contra argumentar que los bancos con problemas puedan ser de todas maneras ayudados por los otros bancos, si estos últimos quieren evitar que se produzca una situación de contagio, en que ellos mismos empiezan a perder depósitos. Sin embargo, hay dos limitaciones para esto: la primera constituida por la posibilidad de que algunos bancos se nieguen a participar en la ayuda, esperando que la situación la resuelvan otros bancos; y la segunda, representada por la circunstancia de que los montos involucrados podrían ser demasiado altos, por lo cual el problema no podría ser enfrentado sin ayuda del Banco Central. Los partidarios del prestamista de última instancia encuentran así una justificación para que el Banco Central actúe para impedir el contagio y una crisis sistémica[112].

4. Asistencia crediticia ordinaria y la asistencia crediticia extraordinaria

Es necesario diferenciar la asistencia crediticia ordinaria de la asistencia crediticia extraordinaria para el caso de la Emergencia Financiera, que presta el BANCO CENTRAL DE VENEZUELA.

En lo que concierne a la asistencia crediticia ordinaria, esta forma parte de operaciones ordinarias ante problemas transitorios de liquidez que pueda confrontar un banco en su giro comercial ordinario, y no se corresponde con un estado de emergencia del sector bancario. Ejemplo clásico de estas operaciones lo constituyen el descuento, el redescuento, que son operaciones que sirven de instrumento frecuente de política monetaria por parte de los bancos centrales en cumplimiento de su rol de prestamistas de última instancia[113].

---

112 OSSA S. Fernando, ob. cit.

113 El BCV tiene pre-elaborado los formatos de solicitud para estos instrumentos de asistencia financiera en un catálogo titulado MODELOS DE COMUNICACIONES, CONTRATOS Y FORMATOS PARA LA TRAMITACIÓN DE OPERACIONES DE ASISTENCIA

El redescuento no es sino una operación de crédito con garantía de títulos,* o anticipo, en la cual la diferencia entre lo que el banco

---

FINANCIERA. Por ejemplo, veamos el formato de solicitud de asistencia mediante el descuento o el redescuento de títulos:

* CAPÍTULO: I. MODELOS DE COMUNICACIONES TÍTULO: 1. CARTA–SOLICITUD DE DESCUENTO Y/O REDESCUENTO PARA OPERACIÓN DE ASISTENCIA FINANCIERA (NECESIDADES DE LIQUIDEZ) PAG: 1 de 1 MODELOS DE COMUNICACIONES, CONTRATOS Y FORMATOS PARA LA TRAMITACIÓN DE OPERACIONES DE ASISTENCIA FINANCIERA EMISIÓN ACTUALIZACIÓN Febrero, 2015 Señores Caracas, ___ de ___ de _____ Banco Central de Venezuela Vicepresidencia de Operaciones Nacionales Ciudad. Yo(Nosotros),________________, venezolano(s), mayor(es) de edad, domiciliado(s) en la ciudad de __________, titular(es) de la(s) cédula(s) de identidad número(s) V.– __________(respectivamente), procediendo en mi(nuestro) carácter de (cargo(s) del(los) funcionario(s) autorizado(s)) de (Institución Bancaria), solicito(amos) de ese Instituto una operación de (Descuento y/o Redescuento), por la cantidad de ____________________bolívares (Bs.___________) con un plazo de ______( ) días, con cargo a(al) (los) título(s) de crédito (pagaré y/o letras de cambio) que se indica(n) en el formato anexo, cuyo monto global es de __________bolívares (Bs. __________), y su número total es de _______ títulos de crédito. Asimismo, le manifiesto(amos) que mi(nuestra) representada (Institución Bancaria) afronta una necesidad transitoria de liquidez debido a ___________________________, la cual estima estar en capacidad de subsanar dentro de un plazo establecido inicialmente en _____ ( ) días calendario. En tal sentido, es de indicar que tanto el(los) título(s) que se presenta(n) como los demás recaudos que se anexa(n) a esta solicitud, ha(n) sido examinado(s) por mi (nosotros), en mi(nuestro) carácter de (cargo(s) del(los) funcionario(s) autorizado(s)), y encontrados en un todo conforme en función de las normas que rigen la operación de (Descuento y/o Redescuento). A tal efecto, es entendido que el(los) referido(s) título(s) de crédito (pagaré y/o letras de cambio) está(n) debidamente endosado(s) por __________, en su carácter de (cargo(s) del(los) funcionario(s) autorizado(s)). Queda autorizado el Banco Central de Venezuela para requerir la sustitución de (l) (los) título(s) (pagaré y/o letras de cambio) y documentos que se adjuntan a la presente, de acuerdo con las normas vigentes sobre la materia. En el supuesto de que esto no se efectuare, autorizo (amos) a ese Instituto para cargar de la cuenta de mi (nuestro) representado, las sumas correspondientes a(al) (los) título(s) de crédito que no fuere(n) sustituido(s) en su debida oportunidad, a satisfacción de ese Banco Central. Le(s) agradezco (cemos) acreditar en la cuenta de depósito que mantiene mi (nuestra) representada en ese Instituto, los recursos líquidos, después de deducidos los intereses correspondientes, autorizándolos para que al vencimiento de la operación se sirvan cargar (el monto de la operación) a la cuenta de m (nuestra) representada. Finalmente, me (nos) comprometo(emos) a remitir cualquier información adicional que ese Instituto requiera sobre la referida operación. Atentamente,

Firma Autorizada y Código Firma Autorizada y Código Sello de la institución solicitante

En el caso del anticipo destinado a servir de asistencia para problemas de liquidez, el formato es del tenor siguiente:

CARTA-SOLICITUD DE ANTICIPO PARA OPERACIÓN DE ASISTENCIA FINANCIERA (NECESIDADES DE LIQUIDEZ) PAG: 1 de 1 MODELOS DE COMUNICACIONES, CONTRATOS Y FORMATOS PARA LA TRAMITACIÓN DE OPERACIONES DE ASISTENCIA FINANCIERA EMISIÓN ACTUALIZACIÓN Febrero, 2015

Señores Caracas, ___ de ___ de _____ Banco Central de Venezuela Vicepresidencia de Operaciones Nacionales Ciudad.– Yo(Nosotros),________________, venezolano(s), mayor(es) de edad, domiciliado(s) en la ciudad de __________, titular(es) de la(s) cédula(s) de identidad número(s)V.–__________(respectivamente), procediendo en mi(nuestro)

comercial recibe y el valor de los títulos, no es el valor del interés de la operación, sino la cobertura que el respectivo Banco Central toma sobre el bien que se le transmite en propiedad, cumpliendo más bien una función económica de garantía dentro del sistema bancario por la participación del respectivo Banco Central, normalmente en auxilio de los bancos comerciales. El banco comercial descuenta títulos en el Banco Central[114], obteniendo una suma de dinero por la transferencia

carácter de (cargo(s) del(los) funcionario(s) autorizado(s)) (respectivamente), de (Institución Bancaria), solicito(amos) la celebración de una operación de Anticipo, con garantías representadas en (tipo de garantías) que se indican en el formato de garantía anexo, a los fines de acceder a los recursos de apoyo transitorio de liquidez por necesidades de efectivo, por la suma de ________________ bolívares (Bs. ________________), a un plazo de ________ ( ) días. Asimismo, le manifiesto (amos) que mi(nuestra) (Institución bancaria) afronta una necesidad transitoria de liquidez debido a________________, la cual estima estar en capacidad de subsanar dentro de un plazo establecido inicialmente en ________ ( ) días calendario. Acompaño (amos) a la presente un Pagaré por el monto del Anticipo, y le(s) agradezco (cemos) lo acrediten en la cuenta de depósito de mí(nuestra) representada en ese Instituto, previa deducción de los intereses correspondientes. En tal sentido, es de indicar que tanto el(los) (tipo(s) de garantía(s)) que se presenta(n) en garantía, como el(los) demás recaudo(s) que se anexa(n) a esta solicitud, han sido examinados por mí (nosotros) y encontrados en un todo conforme(s) en función de las normas que rigen la operación de Anticipo. Asimismo autorizo (amos) a ese Instituto para que custodie el(los) activo(s) elegible(s) dado(s) a su favor en garantía. Queda autorizado el Banco Central de Venezuela para requerir la sustitución de la(s) garantía(s) y documento(s) que se adjunta(n) a la presente, de acuerdo con las normas vigentes sobre la materia. En el supuesto de que esto no se efectuare, autorizo(amos) a ese Instituto para proceder al bloqueo temporal de los títulos de crédito (títulos valores) y/o efectivo disponible, en la cuenta custodia y/o de depósitos que la institución bancaria mantiene en ese Banco Central, de las sumas correspondientes a la(s) garantía(s) que no fuere(n) sustituida(s) en su debida oportunidad a satisfacción de ese Instituto, en cuyo caso, convengo (imos) en nombre de mi(nuestra) representada, en librar un nuevo pagaré que refleje el monto de la operación que efectivamente se realice. Finalmente, me (nos) comprometo (emos) a remitir cualquier información adicional que ese Instituto requiera sobre la referida operación. Atentamente,

Firma Autorizada y Código Firma Autorizada y Código

Sello de la institución solicitante

114 El artículo 49 de la vigente Ley del Banco Central de Venezuela de 07/05/2010 – G.O 39.419– en su numeral 6, faculta al ente emisor para otorgar créditos con garantía de títulos de crédito emitidos por la República o por sus entes descentralizados, así como de instrumentos relacionados con operaciones de legítimo carácter comercial y otros títulos valores cuya adquisición esté permitida a los bancos e instituciones financieras. Tales créditos, dispone la norma, podrán adoptar la forma de descuento, redescuento, anticipo o reporto, en las condiciones de plazo y tasa que determine el Directorio del Banco Central de Venezuela; pudiendo en situaciones excepcionales recibir en garantía de estas operaciones cualquier otro activo de naturaleza crediticia de los bancos e instituciones financieras o de otro carácter.

A su vez, el numeral 8 del mismo artículo 49, dispone que el Banco Central podrá descontar y redescontar letras de cambio, pagarés u otros títulos provenientes de programas especiales que determine el Ejecutivo Nacional, emitidos en el marco de dichos programas, relacionados con las operaciones de financiamiento a los sectores agrarios, de la construcción, agro–alimentario, y para el fortalecimiento de la capacidad exportadora de las empresas nacionales en razón de programas de promoción de exportaciones, así como operaciones de en condiciones específicas de títulos cedidos a su favor, sean pagarés o endosados como la letras de cambio, por los clientes del banco, en virtud de un previo contrato de descuento celebrado con estos.

Otras operaciones mediante las cuales se instrumenta el auxilio de liquidez por los Bancos Centrales en situaciones ordinarias y no de

---

financiamiento de la industria para la transformación de materia primas, y para la formación de oro monetario y no monetario.

Establece igualmente el mismo numeral 8 del artículo 49 que el Directorio del BCV establecerá condiciones especiales para las operaciones a que se contrae el numeral, y en lo referente al plazo, el mismo será determinado de acuerdo a la naturaleza del sector y/o proyecto, se sujetará a los términos de vencimiento, prescripción y caducidad de los títulos correspondientes, y podrá ser prorrogado. Cuando tales operaciones consistan en el descuento o redescuento de títulos provenientes del financiamiento otorgado a instituciones o fondos del Estado cuyo objeto sea el financiamiento de los sectores y/o actividades previstas en el numeral, el BCV podrá establecer, según reza esta norma, cupos de redescuento de títulos de crédito para atender los programas especiales señalados.

Sin embargo, esta habilitación normativa concedida al Banco Central de Venezuela para participar en operaciones de redescuento, se ve delimitada o sometida a ciertas condiciones establecidas en el artículo 37 de la misma Ley, que pudieran ser contradictorias con las amplísimas facultades de regulación de la operación que se acogen en el numeral 8 precitado del artículo 49, salvo que se entienda que en este último caso estas condiciones especialmente flexibles sólo rigen para las operaciones de descuento y redescuento vinculadas a esos programas especiales que establezca el Ejecutivo Nacional.

Cuando un banco sufre una retirada masiva e imprevista de depósitos que comprometen su liquidez, y necesitan reponer rápidamente su tesorería, la vía será normalmente el redescontar su cartera de efectos en el banco central o de emisión. El monopolio de la emisión de moneda en cabeza del Banco Central es el que le permitirá asumir esta delicada función. En el caso del **redescuento**, los bancos movilizan los créditos que han concedido por medio del descuento cambiario, acudiendo a un Banco Central o de emisión para descontar en él las letras que ellos mismos descontaron a sus clientes, con lo que se afirma entonces que el descuento y el redescuento se encuentra estrecha y causalmente ligados, en virtud de que esta segunda modalidad constituye una fórmula tradicional de movilización del crédito bancario, es decir, la operación por medio de la cual el banco recupera la disponibilidad de los fondos anticipados, acudiendo a otro banco, normalmente un "banco de bancos" o Banco Central. En todo caso, estas reediciones por vía del redescuento o nuevas concesiones de créditos implican un aumento de la masa monetaria o dinero circulante, que puede generar un proceso inflacionario del crédito, en orden a lo cual deben tener un límite que viene dado por la exigencia normativa o práctica en muchos sistemas financieros de que el redescontante sea un banco de última instancia –*lenders of the last resort*–, papel reservado a los bancos centrales.

Como lo señala GARRIGUES, la operación se llama redescuento por esta repetición de la operación de descuento. Por ello la doctrina la denomina una operación de crédito pasiva, dado que es el banco redescontante el que obtiene crédito del banco central redescontatario bajo la forma de un anticipo. Así las cosas, mediante un contrato u operación de redescuento, los bancos que han descontado créditos obtienen anticipos dinerarios volviendo a descontar los mismos títulos en el respectivo banco emisor, central o de última instancia, siendo entonces el redescuento el descuento realizado por los bancos, en sentido pasivo, de los créditos previamente adquiridos merced a un descuento en sentido activo –GARCÍA-PITA Y LASTRES, ANGELONI, MOLLE–.

crisis individual o sistémica, lo constituyen el reporto[115] y los anticipos, entre otras.

---

[115] El reporto es un contrato poco difundido en América Latina como operación bancaria, encontrándose más bien vinculado a los mercados bursátiles en aquellos países en los que ha encontrado mayor desarrollo. Esto en parte se debe al hecho de haberse separado en la mayor parte de las legislaciones bancarias comparadas la actividad de intermediación de la actividad bursátil, siguiendo el ejemplo norteamericano, en razón de lo cual las legislaciones establecen prácticamente de manera taxativa los títulos que pueden formar parte de una operación de reporto y las condiciones o características que deben revestir.

Una primera enunciación conceptual del Reporto aparece en la Ley General de Bancos y otros Institutos de Crédito de fecha 02 de septiembre de 1974. Posteriormente, el Reporto se tipificó en el ordinal 5° del Artículo 33 de la derogada Ley de Bancos Hipotecarios Urbanos de fecha 20 de Junio de 1978, y luego en la Ley General de Bancos y otras Instituciones Financieras, de fecha 3 de noviembre de 2001 ; En la Ley de Mercado de Capitales, de fecha 22 de Octubre de 1998, en su Artículo 79, Ordinal 4 que habilitaba el "...Realizar operaciones de reporto, ya como reportadores, ya como reportados, en virtud de las cuales el reportado, por una suma de dinero convenida, transfiere la propiedad de los valores de oferta pública al reportador, quien se obliga a transferir al reportado en un lapso igualmente convenido, la propiedad de otros valores de la misma especie o bien de los mismos, contra devolución del precio pagado, más un premio. El reporto debe celebrarse por escrito y se perfecciona con la entrega de valores, cuando se trate de acciones, con el asiento en el libro de accionistas de transferencia de dichos valores" y, finalmente en lo que concierne a su positivación normativa originaria, en la Ley del Banco Central de Venezuela de fecha 3 de Octubre de 2001, artículo 48, como atribuciones del Directorio, ordinales 6° y 7.

El reporto se encontraba tipificado en el artículo 46 de la derogada LGBIF, conjuntamente con las operaciones conexas que definía el artículo 45, enunciando aquella norma no solamente su definición sino sus elementos esenciales. Así, nuevamente con pretensión pedagógica citemos el derogado artículo 46, que disponía lo siguiente:

"Artículo 46.– Los bancos, las entidades de ahorro y préstamo y demás instituciones financieras podrán efectuar operaciones de reporto, ya como reportadores ya como reportados, en virtud de las cuales el reportado, por una suma de dinero convenida, transfiere la propiedad de títulos de crédito o valores al reportador, quien se obliga a transferir al reportado en un lapso igualmente convenido, la propiedad de otros títulos de la misma especie, contra devolución del precio pagado más un premio.

El reporto debe celebrarse por escrito y se perfecciona con la entrega de los títulos, y cuando se trate de acciones con el asiento en el libro de accionistas de la transferencia de dichos títulos. En el contrato respectivo debe expresarse el nombre completo del reportador y del reportado, y los datos necesarios para la identificación de la clase de títulos dados en reporto, así como el precio y el premio pactado o la manera de calcularlos, y el término de vencimiento de la operación". (Subrayado n uestro).

Esta definición nuestra del artículo 46 de la derogada LGBIF, sigue muy de cerca la definición dada por el artículo 1548 del Código Civil Italiano. Debemos entender sus términos, sabiendo que como operación bancaria, el reportador es usual y frecuentemente el banco, quien adquiere de un cliente, el reportado, unos títulos valores mediante el pago de un precio más una prima, interés o comisión.

Atendiendo a esta definición normativa, el reporto, jurídicamente, es un contrato de compraventa y, por tanto, dada su condición de contrato real, se perfecciona con la entrega de los títulos objeto del reporto; sin embargo, como operación bancaria constituye una operación de crédito, en donde el reportador o prestamista recibe títulos valores a cambio de un precio representado o identificado por el monto del crédito.

Pero también los bancos centrales, incluyendo al BANCO CENTRAL DE VENEZUELA, actúan como prestamistas de última instancia ante situaciones extraordinarias de iliquidez, individuales o sistémicas. Sin embargo, la doctrina comparada sobre banca central es prácticamente pacífica desde BAGEHOF en cuanto a que este auxilio o ayuda debe restringirse sólo a los bancos con problemas transitorios de iliquidez , e inclusive para resolver problemas estructurales de liquidez, pero siempre que medie un programa de recuperación que apunte a que la entidad superará sus dificultades.

Pero la misma doctrina, con múltiples divergencias y matices, niega la conveniencia y la procedencia de asistencia crediticia por los bancos centrales en casos de insolvencia y mucho menos el otorgamiento de ella a cambio de la cesión accionaria al Estado de la institución quebrada, como contradictoriamente con tal principio, lo contempla la norma del 274 de la LISB, contentiva de la regulación de la Emergencia Financiera.

En este orden de ideas, como ya lo dijimos, la directriz clásica del rol de los bancos centrales como prestamistas de última instancia la ofrece BAGEHOT, quién prescribe que los bancos centrales como prestamistas de última instancia deben ofrecer toda la liquidez que se les demande[116], a un costo que represente una tasa de interés de penalidad y requiriendo un colateral de bajo riesgo crediticio[117] .

La lógica detrás de esta receta es clara, la actuación de los bancos centrales frente a situaciones de estrés financiero, debe ser efectiva, pero evitando dos situaciones:

---

116 Como ejemplo de aplicación de este principio de otorgar toda la liquidez que se demande, en 2007 con el anuncio de BNP Paribas el 9 de agosto sobre la suspensión de 3 de sus fondos de inversión debido a la explosión de la burbuja de las hipotecas subprime, la disputa por los cupos de liquidez creó problemas graves a los bancos y a los prestatarios europeos, especialmente a los que habían invertido en los valores incluidos en la cartera de los tres fondos de BNP Paribas. El BCE respondió con una política de "adjudicación plena a los tipos de interés oficiales", según la cual se comprometió a proporcionar a los bancos tanta liquidez como necesitaran en forma de créditos a un día a los tipos de interés oficiales vigentes. El BCE concedió créditos por valor de 95.000 millones de euros.

117 En aplicación de esta directriz, y como respuesta a la falta de liquidez después del hundimiento de Lehman Brothers, el BCE intensificó de nuevo su política de subastas a tipo de interés fijo con adjudicación plena .Además, el BCE realizó operaciones de refinanciación a largo plazo (LTRO, por sus siglas en inglés), también a un tipo de interés fijo y con adjudicación plena, como siempre (hasta ese momento) contra un colateral o garantía de buena calidad, con un vencimiento máximo de tres meses.

1. Que el banco central se exponga a un excesivo riesgo crediticio, para lo cual es fundamental que los colaterales o garantías contra los que preste el banco central sean de alta calidad crediticia, usualmente, para BAGEHOT, deuda de gobierno y;
2. que no se genere riesgo moral en los bancos, en virtud de lo cual el costo de financiamiento de prestamista de última instancia debe ser mayor al costo de financiamiento en el mercado monetario. En la medida que el financiamiento de emergencia que ofrece el banco central sea más caro que el crédito en el mercado monetario los bancos tendrán incentivos adecuados para acumular preventivamente mayores niveles de liquidez.

En oposición a BAGEHOT, GOODHART (1987) plantea que los bancos centrales pueden intervenir mediante la inyección temporal de liquidez, incluso a entidades financieras insolventes, cuando su quiebra representa un riesgo sistémico.

GOODHART afirma acertadamente que, la distinción entre iliquidez e insolvencia es poco clara, particularmente en periodos de estrés en los mercados financieros. En este tipo de escenarios, los bancos centrales inyectan liquidez a una entidad financiera bajo la premisa de que es solvente, pero dado lo complejo de valorar apropiadamente los activos de un banco en escenarios de estrés financiero, no se puede limitar la inyección de liquidez del banco central a la condición de solvencia aparente de las entidades financieras.

Según GOODHART la intervención es válida en tanto los costos de salvar una entidad financiera sean menores a sus beneficios, en donde los beneficios de la intervención derivan en la estabilidad financiera del sistema. SOLOW (1982) también concuerda con esta posición. Según él, una quiebra bancaria, especialmente en el caso de un banco importante, reduce la confianza del sistema en su conjunto, por lo que el banco central debería proveer asistencia a entidades insolventes. Sin embargo, este tipo de políticas crean un problema de riesgo moral, incentivando a las entidades grandes a tomar mayores riesgos basadas en su poder de ser instituciones que han creado la presunción o la ilusión pública resumida en la expresión *too big to fail*.

En el caso de la UNION EUROPEA, el Banco Central Europeo —BCE— y los bancos centrales nacionales de todos los Estados miembros de la UE conforman el Sistema Europeo de Bancos Centrales —SEBC— cuyo objetivo principal es mantener la estabilidad de los precios.

Desde el 4 de noviembre de 2014, el BCE desempeña funciones específicas en materia de supervisión prudencial de las entidades de crédito en el marco del Mecanismo Único de Supervisión. En su calidad de supervisor bancario, tiene también un papel consultivo en la evaluación de los planes de resolución de las entidades de crédito.

BIBLIOGRAFÍA

ALEXANDER, Gregory (2006): *The Global debate over Constitutional Property: Lessons from American Takings Jurisprudence*, Chicago University Press);

ALEXY, Robert

(1993): *Teoría de los derechos fundamentales*, Madrid, Centro de Estudios Constitucionales);

(1994): "Derechos individuales y bienes colectivos", en: Garzón, Ernesto y Malem. *El concepto y la validez del Derecho*, Gedisa.

ALVAREZ-GENDIN, Savino (1958): *Tratado General de Derecho Administrativo*, Tomo I, Bosch Casa Editorial, Barcelona.

AMAT, O. y BLAKE, J. (1999): *Contabilidad Creativa*. 3. ed. Gestión 2000, Barcelona. AMAT, O.; MOYA, S. y BLAKE, J. (1997): *La Contabilidad Creativa. Partida Doble*, n. 79, junio, p.24-32. Madrid.

AMIEVA HUERTA y URRIZA GONZALEZ, Bernardo: *Crisis Bancarias: causas, costos, duración, efectos y opciones de política* (2000); ONU, CEPAL, División de Desarrollo Económico, Santiago de Chile.)

BARRIOS, Armando et al (2000): *Un Estudio Sobre la Autonomía Administrativa del Banco Central de Venezuela* Por Armando Barrios Ross* Abelardo Daza* *Centro de Políticas Públicas-IESA Septiembre.

BREWER CARIAS, Allan (1990) *Principios del Procedimiento Administrativo*. Editorial Civitas, Madrid;

CALVO BERNARDINO, Antonio VIDALES CARRASCO, Irene: *Crisis financiera: Impacto y tratamiento en España, Alemania, Irlanda, Islandia y Estados Unidos*;

CARRASCO, I. (2010): *"El impacto de la crisis financiera sobre el sistema bancario: el caso de Estados Unidos"*, Análisis Financiero Internacional, nº 140, pp. 49-64.Consultado en internet.

CARRASCOSA, A. y DELGADO, M., *"Nuevo marco de resolución bancaria en la UE", en Observatorio sobre la Reforma de los Mercados Financieros Europeos* (2015), Fundación de Estudios Financieros, Papeles de la Fundación, núm. 54, Madrid, 2015, p. 133. (Disponible en http://www.fef.es/new/publicaciones/papeles-de-la-fundacion/item/342-54-

observatorio-sobre-lareforma-de-los-mercados-financieros-europeos-2015.html).

COVARRUBIAS CUEVAS, Ignacio

(2012): "La desproporción del test de proporcionalidad: aspectos problemáticos en su formulación y aplicación", en: *Revista Chilena de Derecho* (Vol. 39, N° 2), pp. 447-480.

(2014): "¿Puede la dignidad humana ser un principio comúnmente compartido en materia de adjudicación constitucional?", en: *Revista Actualidad Jurídica* (N° 29), pp. 147.

(2018): *El Principio de Proporcionalidad en la jurisprudencia del Tribunal Constitucional Federal alemán: más allá de Alexy, Ius et Praxis*

CUERVO GARCÍA, Alvaro (1983): *Las crisis bancarias.* Una síntesis. Universidad Menéndez y Pelayo, Seminario.

CHINCHILLA, Carmen (1991): *La Desviación de Poder;* Editorial Civitas, Universidad Complutense de Madrid.

EICHENGREEN, Barry, PORTES, Richard (1987): The Anatomy of Financial Crises;

FERNANDEZ, Tomas Ramón (1988): *Aspectos Administrativos de las crisis bancarias;* Ciclo de Conferencias organizadas por el Banco de España;

FRANCH I SAGUER, Marta (1992): *Intervención Administrativa sobre Bancos y Cajas de Ahorro,* Editorial CIVITAS, Madrid.

GAMERO CASADO, Eduardo (1990): *La Intervención de Empresas. Régimen Jurídico-Administrativo;* Marcial Pons, Madrid.

NBER Working Paper No. 2126 (Also Reprint No. r1262); Issued in 1987 NBER Program(s). Consultado en internet.

GONZÁLEZ GUZMÁN, Vanessa: "Una aproximación al régimen jurídico de la banca virtual", en AA.VV.: "Temas de Derecho Bancario. Libro Homenaje a la memoria del Dr. Oswaldo Padrón Amaré", o.c., pp. 287-332.3.

GUEVARA G., Iván R.; CONSENZA, José Paulo (2006): *Principales causas que motivan la contabilidad creativa en Venezuela: La gerencia y sus herramientas de manipulación* Compendium, vol. 9, núm. 16, julio, 2006, pp. 5-31 Universidad Centroccidental Lisandro Alvarado Barquisimeto, Venezuela.

GUERRERO, Rosa Matilde et al (2011) *Supervisión con Base en Riesgos: Precisión del Marco Conceptual.* BID, Washington.

GÓMEZ DE MIGUEL, J.M., *"Ante los bancos en crisis: ¿continuidad o liquidación? o ¿cómo asegurar los intereses públicos?", en Mecanismos de prevención y gestión de futuras crisis bancarias,* Fundación de Estudios Financieros, Papeles de la Fundación, núm. 42, Madrid, 2011, pp. 120. (Disponible en http://www.fef.es/new/publicaciones/papeles-de-la-fundacion/item/158-42- mecanismos-de-prevención-y-gestión-de-futuras-crisis-bancarias.html)

HARTWIG, Matthias: *La "proporcionalidad" en la jurisprudencia del Tribunal Constitucional Federal de Alemania;* UNAM,Biblioteca virtual.

HOLTHAUSEN, C., y T. Ronde (2005), *Cooperation in international banking supervision, Center for Economic Policy Research* (Discussion Paper Series, no 4990).

JIMÉNEZ-BLANCO CARRILLO DE ALBORNOZ, A (2013), Regulación bancaria y crisis financiera, Ed. Atelier, Madrid.

LASTRA, R. M. (2003), *"The Governance Structure for Financial Regulation and Supervision in Europe"*, Columbia Journal of European Law, vol. 10, pp. 49—68. Mayes, D. G. (2006), "Cross-border financial supervision in Europe: goals and transition paths", Sveriges Riksbank Economic Review, no 2, pp. 58-89.

LOPEZ ESCUDERO, Manuel

(2012): *Estabilidad económico-financiera y Derecho Internacional;* BOE, Madrid.

(2014) *"La unión bancaria en la Unión Europea: un tortuoso camino para un gran avance"*, en LIÑÁN NOGUERAS, D.J., SEGURA SERRANO, A. y GARCÍA I SEGURA, C. (Coords), *Las crisis políticas y económicas. Nuevos escenarios internacionales,* Ed. Tecnos, Madrid, 2014, pp. 186-211; HUERTAS, T.F., "Banking Union", Revista de Estabilidad Financiera, núm. 24, 2013, pp. 31-44; (disponible en http://www.bde.es/f/webbde/GAP /Secciones /Publicaciones/InformesBoletinesRevistas/RevistaEstabilidad Financiera/13/Mayo/Fic/ref201324.pdf). 11 Como es sabido, en la actualidad, la eurozona

MAYES, D., M. J. Nieto y L. Wall (2007), *Multiple Safety Net Regulators and Agency Problems in the EU: Is Prompt Corrective Action partly the Solution?*, Federal Reserve Bank of Atlanta, mayo (Working Paper, no 2007-9).

MARTIN-RETORTILLO BAQUER, Sebastián:

(1988): *Panorama General de las crisis bancarias;* Ciclo de Conferencias organizadas por el Banco de España;

(1991): *Derecho Administrativo II, Disciplina Jurídico-Administrativa de la Banca Privada,* Ediciones La Ley.

NASER, K. (1993): *Creative Financial Accounting: its nature and use.* PrenticeHall, London.

OSSA S, Fernando (2003): *Los Bancos Centrales como prestamistas de última instancia. Cuad. econ.* [online], vol.40, n.120 [citado 2021-07-07], pp.323-335

SANCHEZ CALERO, Fernando (1983): *Las crisis bancarias y la crisis del Derecho Concursal. Orientaciones de política legislativa.* Universidad Menéndez y Pelayo, Seminario;

SAMANIEGO, Alberto (2019): *LA CONTABILIDAD CREATIVA ¿La quimera del sistema actual de Gobierno Corporativo?* Tesis de Doctorado, Universidad de Comillas, Madrid, pp. 8, 9, 10.

SHINASI, G. J. (2006). *Safeguarding Financial Stability: Theory and Practice, International;* Monetary Fund, Washington, D. C.

TORRES, Ricardo (2017): *Los Mecanismos de Resolución Bancaria en la Unión Europea y los Estados Unidos;* Instituto Iberoamericano de Derecho y Finanzas

PIRELA ESPINA, Willian Alberto (2000): *La contabilidad creativa. Un "maquillaje" a los Estados Financieros.* El Cid Editor, 19 páginas.

www.ingramcontent.com/pod-product-compliance
Lightning Source LLC
LaVergne TN
LVHW101941220826
846093LV00006B/86